PRINCESSE LOUISE DE BELGIQUE

AUTOUR DES TRONES
QUE J'AI VU TOMBER

ALBIN MICHEL, Éditeur
22, Rue Huyghens, 22
o o o PARIS o o o

AUTOUR DES TRÔNES
QUE J'AI VU TOMBER

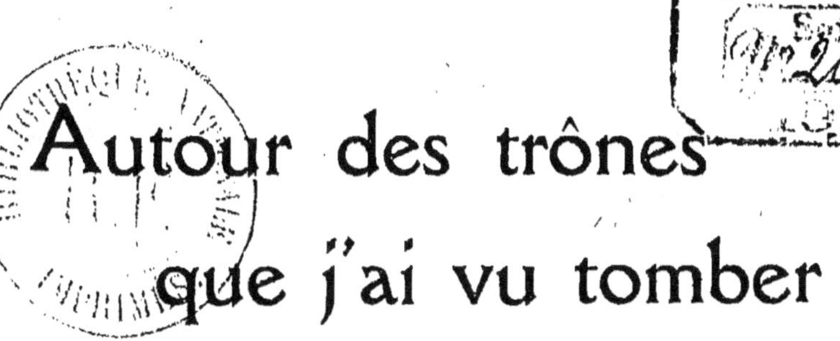

Autour des trônes que j'ai vu tomber

« Die That ist überall
entscheidend, »

Goethe.

ALBIN MICHEL, EDITEUR
PARIS, 22, RUE HUYGHENS, 22, PARIS

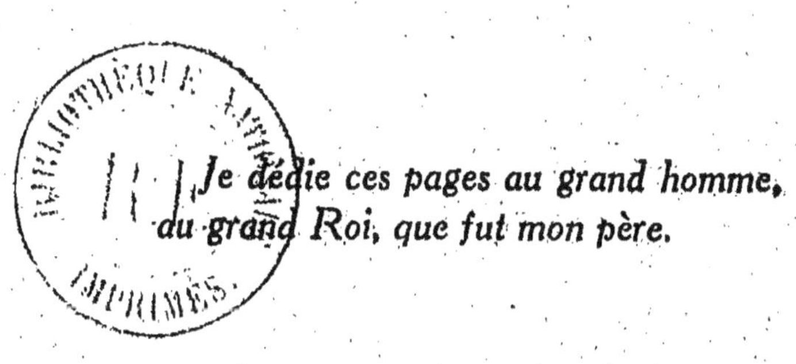

Je dédie ces pages au grand homme,
du grand Roi, que fut mon père.

Autour des Trônes que j'ai vu tomber

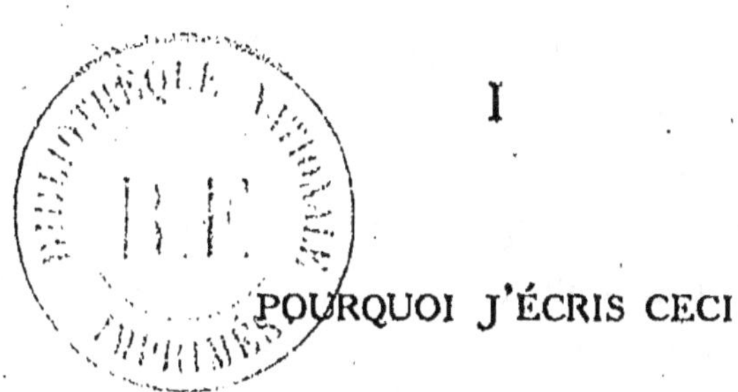

I

POURQUOI J'ÉCRIS CECI

Fille aînée d'un grand homme et grand roi, dont la magnifique intelligence a enrichi son peuple, je n'ai dû que des infortunes à mon origine royale. A peine entrée dans la vie, j'ai été déçue et j'ai souffert. Je l'imaginais trop belle.

Au soir de mes rêves, je ne veux pas rester sous le faux jour où je suis placée.

Sans désirer m'étendre sur le passé, et refaire le chemin du calvaire que j'ai gravi, je veux, du moins, puiser dans mes souvenirs et mes réflexions quelques pages, inspirées aussi des événements qui ont renversé les trônes près desquels j'ai vécu. L'empereur d'Autriche, l'empereur d'Allemagne, le tzar de Bulgarie furent pour moi des figures familières.

Amenée par la guerre à Munich, puis à Budapesth, prisonnière, un moment, des bolchevistes hongrois, j'ai vécu la tourmente européenne, en voyant frappé et puni tout ce qui m'avait méconnue et accablée.

Et je tremblais, chaque jour, pour ma chère Belgique, si grande par le courage et le travail, et injuste pour moi. Oh! non le peuple, ce bon peuple, si naturellement infatigable et héroïque, mais certains de ses dirigeants, abusés sur mon compte.

Ne revenons pas, toutefois, sur les choses accomplies. Ma pensée demeure fidèlement et affectueusement attachée à ma terre natale, pour l'aimer et pour l'honorer.

C'est d'elle que je veux parler, avant d'évoquer les cours de Vienne, de Berlin, de Munich, de Sofia, et tant de faits que ces noms me rappellent et dont certains méritent d'être mieux connus et médités.

Je n'ai jamais eu pour la Belgique que les sentiments d'une impérissable affection. Au plus pénible de mes épreuves, pendant l'horrible guerre, je songeais qu'elle était encore plus à plaindre que moi.

Le jour où, perquisitionnée par les bolchevistes hongrois, à Budapesth, j'ai entendu un de ces hommes dire, après avoir vérifié à quelle simplicité

Je me trouvais réduite : « Voilà une fille de roi encore plus pauvre que moi ! » j'ai pensé aux malheureuses d'Ypres, de Dixmude, puis aux malheureuses de France, de Pologne, de Roumanie, de Serbie et d'ailleurs, infortunées créatures sans foyer et sans pain, par le crime de la guerre, et j'ai pleuré sur elles, et non sur moi.

Plus d'une, peut-être, avant 1914, enviait mon sort : j'aurais préféré le sien !

Mariée à dix-sept ans, je croyais trouver dans le mariage les joies que peuvent donner un mari et des enfants. J'y ai trouvé les pires épreuves.

La rupture était inévitable entre mes sentiments intimes et ce qui m'environnait. Je portais en moi trop d'indépendance pour dépendre de ce qui m'offensait.

Les honneurs sont souvent sans honneur au plus haut de ce qu'ils semblent. Sauf de rares exceptions, la fortune et le pouvoir développent en nous l'appétit du plaisir et poussent aux dépravations. Ceux que La Bruyère appelle les Grands perdent facilement la notion de la condition humaine. La vie n'est plus pour eux l'épreuve mystérieuse d'une âme qui sera récompensée ou punie selon ses œuvres. La religion ne leur sert que de masque ou d'instrument.

Portés à juger leurs semblables sur les flatteries, les calculs, les ambitions, les trahisons qui s'agitent autour d'eux, ils arrivent, par le mépris des créatures, à l'indifférence du Créateur, et accommodent ses lois à leurs besoins, dans l'assurance de s'arranger avec Lui comme avec ses ministres.

Quand je fais un retour sur le passé, et que je me remémore les diverses phases de ma douloureuse existence, je songe que je n'ai jamais désespéré d'une justice que je n'ai pas rencontrée en ce monde : j'ai toujours cru qu'elle existe autre part. S'il en était autrement, nous ne pourrions la concevoir.

Cette confiance, je la tiens des leçons que reçut mon enfance, et principalement de celles de la reine, ma mère : « Sois toujours, plus tard, une femme chrétienne », disait-elle. La portée de ces paroles, la jeunesse ne peut la comprendre, mais les malheurs de la vie se chargent de l'expliquer.

Révoltée contre tant de choses humaines, je me suis soumise à celles qu'ordonne une volonté supérieure à la nôtre, et j'ai connu le bonheur de ne pas haïr. Le pardon a toujours suivi ma révolte.

Je n'ai pas douté que ceux qui me faisaient du mal seraient châtiés tôt ou tard, sur la terre ou ailleurs, et j'ai plaint mes persécuteurs,

Je les ai plaints de détester ma sincérité, ennemie des hypocrisies de famille et de cour. Je les ai plaints de maudire ma fidélité à une seule affection, éprouvée dans le sacrifice. Je les ai plaints, surtout, d'exécrer mon mépris de l'argent, idole vénérée.

Dans la conviction où j'étais, non sans fondement, que d'immenses biens devaient me revenir, ainsi qu'à mes sœurs, je prétendais que notre devoir n'était pas de vivre sans user largement de nos ressources. Ne prenaient-elles pas plus de valeur sociale, de leur retour à la collectivité? Mais cette opinion ne pouvait être celle, ni d'un mari enclin à thésauriser, ni d'une famille qui s'effrayait du changement des idées et des mœurs, et qui voyait, dans l'aspiration des masses à se gouverner elles-mêmes, une inévitable et affreuse catastrophe, de laquelle il fallait se garer en épargnant le plus possible.

Aussi bien, engagée dans une lutte, où, du côté de mes ennemis, je n'ai jamais rencontré que des procédés cruels et, premièrement, la calomnie, pour me perdre aux yeux du monde, je me suis heurtée, tout de suite, aux obstacles qu'imaginent la violence et l'inimitié.

Mise hors d'état de vivre et d'agir normalement, pour être ramenée par la force et les privations dans l'obéissance et le respect de ce que je tenais pour méprisable, je n'ai plus eu les moyens d'exister auxquels j'avais droit. Le soin qu'il était possible de prendre d'assurer ma liberté sur ma terre natale, dans l'ordre et la dignité que je souhaitais, était combattu par ceux-là mêmes qui, moralement, y étaient obligés. Il fallait que je fusse prisonnière, ou errante et éloignée, et tenue à l'écart par des difficultés de toute sorte. Ainsi je serais plus aisément privée de ce à quoi je prétendais.

Que serais-je devenue, s'il ne s'était trouvé un homme au monde pour se dévouer à me sauver des contraintes et des embûches, et s'il n'avait découvert, pour le seconder, des êtres de dévouement et de bonté, souvent venus des rangs les plus humbles?

Si j'ai connu les vilenies d'une aristocratie sans noblesse, j'ai aussi bénéficié des délicatesses les plus nobles, témoignées par des gens du peuple; et ma reconnaissance pour ceux-ci est aujourd'hui ce dont je voudrais être principalement occupée.

Mais j'ai à cœur de ne pas laisser prendre corps davantage la légende qu'on a créée autour de ma personne et de mon nom.

II

MA CHÈRE BELGIQUE
MA FAMILLE ET MOI

*⁎

TELLE QUE JE DOIS ÊTRE

Si, dans un cortège officiel, le personnage principal vient à la fin, la Belgique, ici, doit venir en dernier, et c'est par moi-même qu'il faut que je commence.

Je m'y décide, non sans appréhension, car je songe au portrait que des mémorialistes célèbres ont fait de leur personne, au début de leurs Mémoires, à l'exemple du duc de Saint-Simon.

Loin de moi le dessein d'essayer de me peindre avec art. Ce serait une prétention dont me préserve

le souvenir des maîtres qui ont eu le talent nécessaire à se bien décrire. Je souhaite seulement, si
c'est possible, me montrer telle que je crois être.

Je m'examine souvent. Plus j'avance en âge,
plus j'ai tendance à m'observer. Jadis, j'aimais observer mes semblables. Je me suis aperçue que l'on
devrait toujours se bien connaître avant de se mêler de déchiffrer d'autres énigmes humaines.

Ma dominante est l'horreur de ce qui est insin-
cère, inexact, apprêté, compliqué. Mon goût du
simple et du vrai dans les pensées et dans les actes
m'a fait qualifier de révolutionnaire par ma famille,
il y a bien longtemps. C'était quand je me révoltais,
à Vienne, contre ce que l'on appelait l'esprit et les
mœurs de la cour.

Ma passion du sincère me porte à l'unité de sentiments. J'ai été, je suis la femme du seul serment
que mon cœur prononça en toute liberté.

J'ai connu et aimé peu de personnes en me laissant approcher d'elles et bien connaître, mais lorsque ma confiance et mon estime leur ont été ac-
quises et se sont trouvées justifiées, je leur suis devenue invinciblement attachée.

Si privée de biens qu'on ait voulu me voir, j'ai
au moins possédé ce joyau : la fidélité ; et j'en ai
connu la douceur. Non pas seulement cette fidélité

banale et matérielle, toujours plus ou moins passagère, telle qu'on l'entend généralement; mais celle si pure, si haute, qui est la constante présence d'une pensée vigilante et chevaleresque; celle faite aussi de l'idéal des nobles cœurs qu'une injustice révolte, qu'une infortune attire. Fidélités diverses, quoique sœurs, merveilleux trésor dont il faut être déjà riche de soi-même pour l'enrichir encore des dons précieux du prochain.

Obstinée dans mes droits et convictions, lorsque je les crois en accord avec l'honneur et la vérité conformes à leur essence divine, et non aux hypocrites conventions, je ne m'effraie de rien, et rien ne me fera plier.

Je tiens à la fois, en cela, de ma mère et de mon père : de ma mère, pour ce qui est de l'ordre spirituel; de mon père, pour ce qui est de l'ordre matériel. Inutile de croire que je pourrais renoncer en quoi que ce soit aux prescriptions de ma conscience.

Si je suis contrainte par la nécessité de céder un moment, je cède comme on cède sous un fer meurtrier. Pas plus que l'iniquité, la contrainte ne crée le droit. Elle ne crée que ses réserves, et son recours à la justice du temps, qui est à Dieu et non aux hommes.

Cette force de résistance contre le mal, au mépris de l'étiquette qu'il se donne, est, pour ainsi
dire, le ressort de ma vie.

Comment expliquer, cependant, que je sois d'une
timidité marquée devant tout ce qui ne m'est pas
habituel? On me présente quelqu'un : je parlerai à
peine, même si la personne me plaît.

Mes bien-aimés compatriotes bruxellois, amis
toujours présents à ma pensée, disaient autrefois :
« La princesse Louise est fière! »

Quelle erreur! J'aurais tant voulu, au contraire,
répondre aux affections qui s'offraient, entrer dans
ces maisons belges que je savais si accueillantes.
Ah! n'être pas fille de roi, quel bonheur! On ose
parler au commun des mortels, s'il mérite quelque
sympathie. Une princesse [illegible]

Avec mon entourage, je suis parfois aussi ouverte et expansive que fermée et muette avec les
étrangers. J'appréhende les figures nouvelles et [illegible]
[illegible] mondains. Je pré-
fère de beaucoup la conversation des hommes qui
savent quelque chose à celle des femmes qui ne
savent rien.

Je déteste dans le langage [illegible] qui n'a pas [illegible]
tel. L'affèterie m'est insupportable. Le langage [illegible]

me déplaisent me suggèrent aisément quelque repartie ou réflexion comme le Roi savait en faire, et qui touchait au vif la personne qu'elle visait. L'influence de la Reine me fait parfois me réfréner et me taire, par charité chrétienne.

Décidée dans mon for intérieur, réservée dans les apparences, je suis faite de contrastes. Quand il faut agir, je vais à l'extrême. L'extrême est toujours dans l'âme le produit des contrastes, comme dans le ciel le tonnerre résulte de deux nuées qui se heurtent. Chez moi, l'orage est subit. Je surprends d'autant plus que rien, dans mon attitude coutumière, n'a pu faire prévoir la décision qui l'emporte.

Je ne regarde pas l'existence sous l'angle ordinaire. Je la vois de plus haut. Ce n'est pas de l'orgueil. Je suis portée par quelque chose qui est en moi, au-dessus de certaines barrières et de certaines frontières. J'habite un monde d'idées où je me réfugie.

Bien des fois, aux heures de la persécution implacable que j'ai longtemps connue, je me plaçais devant un miroir et je cherchais à lire dans mes yeux. J'étais prisonnière, j'étais folle par raison d'Etat. « Ne vais-je pas devenir réellement folle? me disais-je, glacée. Suis-je maîtresse de ma raison?

— « Oui, me répondait ma conscience, tu es maîtresse de ta raison, tant que tu es maîtresse de toi-même, et tu es maîtresse de toi-même, tant que tu restes fidèle à ton idéal d'honneur. »

On a dit que j'étais belle. J'ai eu, de mon père, une taille élevée; j'ai eu aussi de ses traits, et même de son regard.

Je tiens de ma mère un certain penchant à la rêverie, au repliement sur soi-même qui fait que si, parfois, une conversation ne m'intéresse point, ou si quelqu'un ou quelque chose me trouble, je suis ailleurs, je m'absorbe, je m'enfuis. Mes yeux le dévoilent, et si je me reprends, l'effort que je fais pour revenir à la situation donne à mes traits une expression fugitive qui m'est particulière.

Les blés ne sont pas plus blonds que j'ai été blonde; aujourd'hui, mes cheveux sont d'argent. La couleur de mes yeux est d'un brun clair, qui tient à la fois des yeux de la Reine et des yeux du Roi, mais plutôt du Roi. Comme la sienne, ma voix peut passer d'une tonalité grave, assourdie, qui lui est ordinaire, à un certain éclat.

Je parle comme le Roi, plutôt lentement, quelle

que soit l'une ou l'autre des deux langues que j'emploie principalement, et qui me sont également familières, la française et l'allemande.

Suivant le cas, je pense en français ou en allemand, mais quand j'écris, je préfère écrire en français.

Si éprise que je puisse être du simple et du vrai, relatifs, d'ailleurs, à chaque condition, je pense qu'une femme, où qu'elle soit, doit garder son rang.

Il faut des degrés en tout. Les rapports entre les hommes tirent leur suite et leur harmonie des nuances de l'éducation et des règles des fonctions sociales.

Indifférente aux fausses politesses et aux fausses louanges, de même qu'aux distinctions des habiles et aux titres des intrigants, je considère et respecte les mérites. S'ils sont reconnus et récompensés, je tiens pour estimables les honneurs qui leur sont accordés.

J'aime les arts, et j'ai une préférence pour la musique. La Reine était ainsi. J'ai, de même, son goût du cheval. Les divers sports me semblent secondaires, en comparaison de l'intérêt de l'hippisme sous toutes ses formes.

A Paris, j'ai été une fidèle du Bois; à Vienne,

je fus toujours une habituée du Prater. Je prends encore plaisir à distinguer des équipages qui sont des équipages, et des cavaliers qui sont des cavaliers. C'est plus rare qu'on ne pense.

Je lis beaucoup, et je prends note de mes impressions. Je lis avec plaisir les journaux qui valent la peine d'être lus, et les revues qui font réfléchir.

La politique ne m'a jamais ennuyée. Aujourd'hui, elle m'étonne et me navre. Le désordre affreux de l'Europe, le trouble profond de la société universelle me consternent.

Hostile aux excès du pouvoir monarchique, qui pousse à la dépravation des favoris, je pense, néanmoins, que les démocraties arrivent difficilement à se conduire et se gouverner au mieux des intérêts généraux. L'étiquette du pouvoir, le nom de Président, Consul, Empereur, Roi ne signifie qu'une chose, c'est qu'il faut dans tout le principe d'autorité, tempéré toutefois par l'influence des femmes. Cette influence, souveraine dans l'Histoire, ne peut, dans les démocraties, s'exercer que d'en bas, et, ordinairement, elle est néfaste. Dans les monarchies, procédant d'une élite, elle est bienfaisante, sauf le cas classique d'une favorite sotte ou perverse, qui s'empare de l'autorité en s'emparant du prince.

De quelque façon qu'on s'y prenne, il est malaisé

de mener les hommes vers le bonheur. Ceux de notre époque semblent, entre tous, éloignés d'y aller par les haines, ignorances et confusions que la ruine de l'ancienne Europe n'a pu qu'aggraver.

Parmi les livres, je relis plus que je ne lis. Cependant, les nouveautés dont on parle m'attirent. Je suis souvent déçue.

Gœthe est mon auteur préféré, l'ami, le compagnon que j'aime à reprendre. Les grands auteurs français me sont familiers, mais aucun d'eux, à mon avis, n'atteint à la sérénité de Gœthe et ne me repose autant.

J'ai pour M. de Chateaubriand un penchant qui date de ma jeunesse. René troublera toujours le cœur féminin.

Au nombre des modernes...

Mais c'est surtout quand on parle des littérateurs et des artistes qu'il faut faire abstraction des personnes présentes. Ne disons donc rien des modernes. Je noterai seulement que, de tous les théâtres, (Shakespeare mis à part, comme Dieu dans le ciel), le répertoire français demeure, selon moi, le plus varié, le plus intéressant. La facilité que j'ai d'entendre les principales langues européennes m'a permis d'en bien juger.

Je parle ici du théâtre dramatique.

Les œuvres et les représentations du théâtre lyrique me paraissent, dans l'ensemble, plus remarquables, et les troupes plus consciencieuses, en Allemagne et en Autriche, voire en Italie, qu'en France.

En dehors de Paris et de Monte-Carlo, il ne faut guère s'attendre à trouver, dans le plus aimable pays du monde, ce qu'on a si bien dans tant de villes secondaires, en pays germanique : un théâtre confortable, de bonne musique et de bons chanteurs.

Bien étranges, ces différentes dispositions des peuples. Celui-ci est plus musicien; celui-là, plus littéraire; celui-ci, plus philosophe; celui-là, plus imaginatif; comme si la Providence, en mettant des diversités dans les races et les caractères, avait voulu enseigner aux hommes qu'ils doivent mettre en commun leurs différents dons, pour être heureux sur terre.

Mais elle a négligé de les faire moins sots et moins méchants.

III

LA REINE

La Reine était fille de Joseph-Antoine-Jean, Prince royal de Hongrie et de Bohême, archiduc d'Autriche (dernier Paladin, grandement vénéré des Hongrois) et de sa troisième femme, Marie-Dorothée-Guillelmine-Caroline, Princesse de Wurtemberg.

Fiancée au prince Léopold, duc de Brabant, héritier du trône de Belgique, Marie-Henriette d'Autriche l'épousa, par procuration, à Schönbrunn, le 10 août 1853, et, en personne, comme dit le Gotha, à Bruxelles, le 22 du même mois.

Par ce mariage, la Maison de Belgique, déjà apparentée aux Maisons de France, d'Espagne, d'Angleterre et de Prusse, se trouvait alliée aux familles régnantes d'Autriche-Hongrie, de Bavière, de Wurtemberg, etc.

La jeune reine était la fille d'une mère simple et bonne, modèle de vertus. Elle avait pour frères l'archiduc Joseph, beau soldat, qui eut trois chevaux tués sous lui à Sadowa, et l'archiduc Etienne, idole de mon enfance, et qui fut proscrit par la cour de Vienne. On le trouvait trop populaire. Il finit ses jours, exilé en Allemagne, au château de Schaumbourg.

Le roi Léopold Ier, mon grand-père, étant mort le 10 décembre 1865, le roi Léopold II et la reine Marie-Henriette montèrent sur le trône.

Je revois la Reine, telle que ma tendresse la connut en s'éveillant dans ses bras, telle que mon adoration a vécu près d'elle, telle, enfin, que mon espoir dans l'Au-Delà lui demeure consacré.

La Reine était d'une taille moyenne et d'aspect svelte. Sa beauté n'avait d'égale que sa grâce. La pureté de ses lignes annonçait leurs richesses et ses épaules méritaient l'épithète de royales. Sa démarche souple était d'une femme sportive. Sa voix, d'un timbre pur, éveillait des échos dans les âmes. Ses yeux, d'un brun plus foncé que ceux du Roi, étaient d'un lumineux moins aigu et plus chaud. Ils parlaient éloquemment.

Mais combien peu comptaient ses perfections physiques, en comparaison de ses perfections morales !

Chrétienne accomplie, elle entendait la religion en observant rigoureusement ses pratiques, sans être le moins du monde étroite d'esprit. Elle avait, de Dieu et des mystères de l'Infini, une conception philosophique et assurée que la Foi éclairait de sa doctrine et affermissait de ses règles.

Les personnes qui n'ont pu, su ou voulu étudier le problème religieux, se persuadent aisément qu'il est absurde de s'astreindre aux prescriptions d'une confession, à ses gestes et cérémonies. La femme sincèrement chrétienne, la femme qui est, par excellence, la mère et l'épouse, est, pour ces esprits forts, un être inférieur, tombé aux mains des prêtres. Mais ils sont bien aises de l'avoir pour gardienne du foyer !

La religion ne détournait aucunement la Reine de ses obligations d'état, de son goût pour les arts et de sa pratique des sports.

Elle recevait, elle présidait un cercle, elle passait dans une fête avec un naturel souriant et ailé qui n'était qu'à elle et que j'admirais passionnément, à l'âge où il me fut permis de suivre, dans son sillage.

La Reine s'habillait avec un art spontané qui était toujours en harmonie avec les circonstances.

Une femme placée en évidence par le sort pour plaire et gagner les esprits et les cœurs, a, plus qu'une autre, l'obligation de bien composer sa toilette. La Reine y réussissait si heureusement qu'elle était donnée en exemple, à Paris, par les arbitres des élégances.

En tout temps, la mode est singulière, ou, du moins, le paraît. Sans cela, elle ne serait pas la mode. Elle est d'ailleurs bien moins variée qu'on ne pense. Ses innovations, réputées toujours nouvelles, proviennent d'un petit fonds de trouvailles et d'arrangements que, déjà, le serpent, sinon Eve, connaissait dans le Paradis terrestre.

La Reine suivait la mode sans innover. C'est l'affaire d'autres reines, dites reines de la mode. Elles ont, pour cela, des raisons que la raison ne connaît pas. Mais la Reine adaptait et perfectionnait. C'était miracle de voir le parti qu'elle tirait des dentelles de fées, gloire et charme de la Belgique. J'ai gardé souvenir d'une certaine robe en soie cerise, surmontée d'un fichu en Chantilly, qui était une des plus belles choses que j'aie vues de ma vie.

Souvent, la Reine ornait de guirlandes de fleurs

fraîches ses robes de réception. Elle savait en tirer un parti incomparable. Et quelle fête, pour mes sœurs et moi, quand nous étions requises de courir les parterres ou les serres, et de préparer les guirlandes de roses, de dahlias ou de reines-marguerites dont notre souveraine chérie allait se parer.

Parfaite musicienne, la Reine allait de quelque *czarda* exécutée en virtuose du piano à une mélodie italienne ou un air d'opéra qu'elle interprétait d'une voix de soprano que plus d'une cantatrice professionnelle pût lui envier.

Un de ses plaisirs fut de chanter avec Faure, l'illustre baryton, artiste de bonne compagnie et qui était partout à sa place. Ils furent merveilleux dans le duo d'*Hamlet* et dans celui de *Rigoletto*... Tout cela est bien loin! J'y pense quand même avec émotion!

La Reine recevait à ses réunions privées une élite artistique sur le même pied que la meilleure société de Belgique. Elle suivait attentivement la vie du Théâtre de la Monnaie et du Théâtre du Parc. Elle s'intéressait aux talents méritants; elle n'ignorait pas les angoisses et les difficultés d'une carrière où l'on vit quatre heures par jour au sein de l'illusion et vingt heures en face de la réalité. Fréquemment, sa sollicitude pour les artistes s'exerça d'une façon aussi délicate qu'opportune. Son souvenir est resté dans plus d'une mémoire. Au théâtre, la reconnaissance est moins rare qu'ailleurs. On ne dira jamais assez combien ce monde, qui paraît frivole, compte de cœurs bien placés. Corneille est toujours, pour lui, derrière quelque portant du décor de la vie.

La Reine aimait les chevaux avec l'intelligence d'une écuyère consommée. Conduire d'ardentes bêtes était son goût, dont j'ai hérité. Elle affectionnait des chevaux hongrois qui n'étaient sûrs que dans ses guides. Rafraîchis de champagne, réconfortés, en cours de route, d'un pain trempé dans du vin rouge, ils dévoraient l'espace. On eût dit que la Reine les menait au bout d'un fil de laine : elle les conduisait à la voix.

Elle dressait elle-même ses chevaux et leur apprenait des tours extraordinaires. J'en ai vu un monter le grand escalier de Lacken, entrer chez la Reine, redescendre, comme si de rien n'était, obéissant simplement aux paroles de ma mère.

Ce qui l'amusait le plus, c'était, souvent, d'atteler deux ou quatre bêtes différentes et qui n'avaient jamais été ensemble, si ardentes, d'ailleurs, que personne d'autre qu'elle n'aurait osé les mener. A force de patience, et comme par l'enchantement de sa voix, elle rendait dociles les plus rétives.

Sa vie ordonnée lui laissait le temps de tout faire et, en premier lieu, de s'acquitter de sa charge maternelle ; douce charge, où je fus le premier fardeau.

J'avais précédé d'un an la naissance de mon frère Léopold qui vécut, hélas ! si peu d'années ; de six ans ma sœur Stéphanie, et, quand Clémentine vint au monde, j'avais déjà douze ans. Je fus donc, pour la Reine, l'aînée de sa nichée, la grande sœur qui doit seconder la mère, aussi bien sur les marches d'un trône que dans une chaumière. C'était moi qui devrais l'exemple de la sagesse aux frères et sœurs qui pourraient me suivre. C'était moi qui bénéficierais le plus des leçons maternelles. J'en ai eu la primeur, et elles firent de moi, sinon la préférée, du moins, forcément, la plus favorisée par mon âge.

Notre mère nous éleva, mes sœurs et moi, à l'anglaise. Nos chambres ressemblaient plus à des cellules de couvent qu'à des appartements princiers, comme on en voit dans les romans de M. Bourget.

Dès que, pour ma part, je n'ai plus été sous la tutelle de jour et de nuit d'une gouvernante et des femmes de chambre, j'ai dû me tirer d'affaire moi-même, et, au saut du lit, prendre à ma porte les brocs d'eau froide (en toute saison), destinés à ma toilette, car, alors, ni au Palais, à Bruxelles, ni au château, à Laeken, le « dernier confort » n'avait accompli ses merveilles.

La Reine m'a enseigné, dès mon jeune âge, à pouvoir me passer de domestiques. J'ai appris d'elle, de bonne heure, que l'on peut être sur un trône, un jour, et dans la rue, le lendemain.

Combien de mes parents ou alliés, aujourd'hui, n'y contrediraient pas?

Mais alors, cette froide raison eût révolté les cours et les chancelleries.

Elle me fit beaucoup songer. Ce fut ma première révélation de l'existence réelle. Je commençai à chercher ailleurs que dans une couronne et un titre des moyens de supériorité morale et intellectuelle; une personnalité définie; des idées à moi, de telle sorte que, dans la vie, je pourrais être moi-même.

La Reine a formé mon esprit par d'abondantes lectures, surtout en français et en anglais. Jamais de romans, ou presque jamais, principalement des Mémoires.

La Reine lisait délicieusement. Elle mettait en valeur les moindres traits. Sa façon de lire n'était nullement celle d'une femme qui sait « dire ». C'était celle d'une intelligence pénétrante qu'on entendait, non pas lire, mais parler, et d'un cœur que l'on sentait tout comprendre.

Dans l'intimité, la Reine était d'une gaieté et d'un charme simples et entraînants. Elle se montrait ainsi dans les randonnées à la campagne, les parties de crocket, les soirées chez elle, et dans sa loge, au théâtre.

Sa bonne humeur ne répugnait pas aux fantaisies d'une nature expansive et généreuse.

Au jour de ma fête, célébrée près d'elle, à Spa, le 25 août 1894, elle voulut marquer cette date heureuse en improvisant une sauterie à l'issue du déjeuner qu'elle avait fait organiser spécialement, non dans sa villa, mais dans une salle réservée d'un hôtel de sa résidence. C'était ainsi plus partie d'agrément. Il n'y avait que mes sœurs et moi, la fille de Stéphanie et la mienne, nos plus belles parures alors.

La Reine fit mettre au piano Clémentine, artiste émérite, et, avisant Gérard, son maître d'hôtel, qui nous avait accompagnées pour diriger le service (c'était un de ces domestiques du temps où les serviteurs se croyaient de la famille, suivant l'étymologie de leur beau titre, affreusement déformé), la Reine dit :

— Gérard, en l'honneur de la fête de la Princesse, vous allez valser.

— Oh! Majesté!

— Si, si. Vous allez valser : un tour avec moi et un tour avec la Princesse.

— Oh! Majesté!

— Quoi? Vous ne savez pas valser?

— Si... Majesté... un peu.

— Eh bien! Gérard, valsez... Allons, Clémentine, une valse.

Le fidèle Gérard dut obéir, rouge et gêné, osant à peine effleurer la personne royale.

Et la Reine de dire en riant :

— Mais n'ayez donc pas peur, Gérard. Je ne suis pas une sylphide!

Gérard valsa donc avec notre mère et avec moi. Il valsait même bien.

Le lendemain, il n'en fut pas moins le modèle des modèles des serviteurs aimés et estimés de leurs maîtres qu'ils aiment et estiment, si ceux qu'ils servent savent mériter d'être servis.

La Reine n'eut pas de rôle politique en dehors de celui de la représentation de sa charge de souveraine. Sur un homme tel que le Roi, une influence féminine ne pouvait s'exercer par l'épouse et la mère.

L'impossibilité pour la Reine de trouver dans son mari l'union de pensées, l'intimité d'action, l'entière confiance qui, dans n'importe quel ménage, sont la condition du bonheur, fut la déception initiale que d'autres allaient suivre, de plus en plus cruelles.

Entre toutes, l'épreuve qui bouleversa la Reine et eut des conséquences poignantes fut la mort de son fils Léopold.

Jamais notre mère ne put se consoler de la perte de l'héritier de la couronne, de cet enfant de tant de promesses, accordé et repris par le ciel. Ce fut le deuil de sa vie. Elle en fait mention dans son admirable testament

A partir de ce jour, sa santé, si florissante, s'altéra petit à petit. Son âme, portée à se détacher des choses de la terre, s'abîma de plus en plus dans la prière et la contemplation. Elle ne vécut plus guère que dans l'ardente espérance de l'Au-Revoir, là-haut.

La Reine fut toujours une sainte, et bientôt une martyre. Elle souffrit affreusement de la grandeur farouche du Roi, tout à son œuvre royale, dont il se délassait brusquement par un plaisir sans frein, après un labeur sans limite. Nature excessive, et que ne pouvait comprendre une âme tendre. Les malentendus et leurs conséquences vinrent de là.

Contre un tel destin qui, ne pouvait aller qu'en s'aggravant, il n'y avait rien à tenter. La vie terrestre connaît d'implacables fatalités.

Quelle que fût la souffrance de la Reine, elle ne diminua pas sa bonté, inspirée du Ciel. Elle put, parfois, céder à la douleur et laisser entendre la plainte de son âme meurtrie; elle put même tenter de se défendre par quelque geste que le public aperçut sans le comprendre. Elle revint bien vite aux pieds du Christ consolateur.

C'est là que je la retrouve et que j'offre le culte de mon amour à cette mère sublime qui grava en moi l'idée ou plutôt la passion des devoirs à remplir, ainsi définis :

D'abord, vis-à-vis de soi-même, la saine et totale liberté, c'est-à-dire la dignité du corps et de l'esprit; puis, la recherche de Dieu, ici-bas, et l'ascension vers Lui, au travers des faiblesses et des erreurs humaines.

O mère bien-aimée, j'ai passé dans la vie et dans la nature sans comprendre les mystères qui nous entourent, mais, suivant votre Loi, j'ai cru, je crois à la présence du Créateur.

IV

LE ROI

Mon père a été plus qu'un grand roi : un grand homme.

Un grand roi peut l'être par le seul art de s'entourer et de tirer parti des valeurs qu'il lui est facile de grouper autour de lui. Bien peu, d'ailleurs, l'essayent. Il faut être déjà très supérieur, au moins par le cœur, pour avoir le goût des supériorités.

En arrivant au pouvoir, le roi Léopold II ne songea pas à réunir autour de lui une élite qui l'aurait inspiré. Il n'avait ni les ressources d'hommes que trouva un Louis XIV, ni celles que son exemple développa dans son royaume. La Belgique était encore un Etat adolescent et dont la croissance exigeait les soins d'une main habile et exclusive.

Elle est venue au monde faite de deux pays jumeaux, fort différents de caractère. Ils sont unis par une même loi. Leur même politique nationale est comme une membrane qui doit les tenir assemblés. Mais une telle constitution n'est pas sans inconvénient.

Le Roi avait, dès longtemps, la conviction secrète que, pour durer et se fortifier, la Belgique avait impérieusement besoin d'un haut dessein qui ferait en elle l'unification des intelligences et des efforts et qui lui permettrait de prendre une place plus grande dans le monde.

Il avait étudié la carte de la terre et conçu le projet inouï de doter son petit royaume d'un immense domaine colonial. Il n'avait pas d'argent, il n'avait pas d'armée, il n'avait que son idée. Il s'y enferma et ne vécut plus que pour elle et par elle.

L'homme que je revois, lorsque je pense au Roi, est toujours celui dont le mutisme effraya mon enfance.

La Reine est assise, ayant en main un livre qu'elle ne lit point. Elle me tient près d'elle, en suivant des yeux le souverain. Les portes du salon sont ouvertes sur les pièces voisines, et le Roi va et vient, les mains derrière le dos, d'un pas d'automate, sans nous regarder, sans que rien le dérange de sa méditation interminable. Autour d'elle, le silence s'est fait dans le palais. Nul n'ose entrer. Le Roi a interdit l'accès de l'appartement royal. La Reine et moi, nous sommes les prisonnières involontaires de ce prisonnier de sa volonté.

Le Roi était grand et fort. Sa personnalité imposante et sa physionomie si caractéristique sont connues même des générations nouvelles. Elles en ont vu l'image populaire. La photographie ne saurait rendre l'expression de finesse sceptique de son regard. Ses yeux, dont j'ai dit la teinte brun clair, prenaient, à la moindre contrariété, une fixité qui, arrêtée sur nous quand nous étions en faute, mes sœurs et moi, nous terrifiait plus que les reproches et punitions.

La voix du Roi, d'un timbre grave, avec quelque chose d'enveloppé, et, par instant, de nasillard, était, dans la colère, d'une dureté de pierre. Mais, s'il voulait plaire, il savait lui donner de la douceur et de l'émotion. On parle encore de la manière dont il prononça le discours du Trône, après la mort de Léopold Ier, et de ce début émouvant : « La Belgique, Messieurs, a, comme moi, perdu un père... »

S'il plaisantait, il avait de l'entrain. Quand le Roi se mêlait de montrer de l'esprit, c'était un esprit à l'emporte-pièce, mais il en avait, et beaucoup. J'ai gardé le souvenir de certains de ses jugements sur ses ministres ou divers de ses contemporains. Il en est qui vivent encore, et qui seraient très flattés; il en est d'autres qui le seraient moins.

Le Roi ne s'occupait guère de mes sœurs et de moi. Ses caresses étaient rares et brèves. Nous étions, devant lui, toujours impressionnées. Il nous paraissait Roi bien plus que père.

A l'égard de son attitude chez la Reine, si je remonte jusqu'au plus lointain de mes souvenirs, je vois toujours un homme absorbé, parlant peu.

Il va de soi, d'ailleurs, que nous étions rarement en tiers avec nos parents réunis. Moi seule qui, par mon âge et l'avance que j'ai eu sur mes sœurs, ai pu être près de notre père et de notre mère alors que les difficultés entre eux n'étaient pas commencées, je n'arrive pas à me souvenir de quelque douceur ou bonté que ma jeunesse aurait remarquée.

Je sais seulement que le Roi qui, ainsi que la Reine, avait le culte des fleurs, ne manquait jamais, à une certaine époque (ce devait être vers mes onze ans), d'en apporter lui-même, chaque semaine, à notre mère. Il était allé les cueillir dans les jardins royaux. Il arrivait dans l'appartement de la Reine,

chargé de sa moisson odorante, et il disait :
« Voici, ma bonne femme. »

Aussitôt, Stéphanie et moi, de renouveler la parure des vases, moi, surtout, la grande, et qui avais appris de la Reine à aimer et disposer les fleurs, discrètes compagnes de nos pensées, et qui mettent dans le *home* des parfums, des couleurs, des caresses, du repos, quintessence de la terre et du ciel.

Un jour, à Laeken, le Roi m'offrit un gardénia. Je fus éblouie. J'avais à peu près treize ans. J'ai longtemps espéré, mais en vain, que cette gracieuseté paternelle se renouvellerait.

Ce prince de génie, dont les conceptions politiques et sa façon de mener les négociations utiles à la Belgique font l'admiration, sinon de ceux qui leur ont dû tant d'avantages, du moins des compétences d'autres pays, était, par certains côtés, singulièrement minutieux. Il tenait à ce qu'il portait, à ce qu'il avait personnellement, d'une manière obstinée. Je l'ai vu prendre soin des jardins, à Laeken, avec rigueur.

Des pêches énormes et succulentes poussaient en espalier, et le Roi en était fier. J'avais la passion des pêches. J'osai, un soir, me régaler d'une d'entre elles qui était invisible sous les feuilles. Et, cette année-là, l'espalier donnait beaucoup de fruits.

Le lendemain, le Roi découvrit le larcin. Dramatique affaire. Promptement soupçonnée, j'avouai mon crime et je fus punie. Le Roi savait le compte de ses pêches!

Ce grand réalisateur était d'esprit réaliste et le matérialisme l'emportait, chez lui, sur l'idéalisme. Je ne me permettrai pas de supposer qu'il ne croyait pas en Dieu, mais certainement il s'en faisait une autre idée que la Reine. Elle en souffrait. Il persistait dans sa façon de penser.

Il allait à la messe le dimanche. C'était un exemple qu'il devait à la cour et au peuple. Or, il fut un temps où il escortait la Reine à l'office, en prenant d'autorité *Squib*, un minuscule *ratler* que ma mère affectionnait et dont le Roi parlait toujours comme d'une personne : il l'appelait le *Squib*.

Il fallait voir ce grand corps, tenant sous son bras ce tout petit chien qui ne bougeait, comme terrifié. Ainsi, l'un portant l'autre, tous deux entendaient la messe près de la Reine qui, assurément, ne jugeait pas que ce fût très catholique. L'office achevé, le Roi, toujours chargé « du Squib », allait, à travers les salons, jusqu'à la salle à manger où il déposait gravement le tout petit chien sur les genoux de la Reine.

De la politique du Roi, je n'ai compris et connu que celle du Congo. J'ai su, j'ai vécu par ricochet les alternatives de crainte et d'espérance par lesquelles passait l'auteur de cette gigantesque entreprise. On ne parlait que de cela autour de moi. C'était d'ailleurs à voix basse, mais les choses dites tout bas sont celles qu'on entend le mieux.

Je sais que la fortune royale, et celle de ma tante, l'Impératrice Charlotte, administrée par le Roi, se trouvèrent un moment engagées, non sans risque, dans la conquête et l'organisation des possessions que l'une ou l'autre des grandes Puissances européennes pouvait disputer à la Belgique. Journées d'angoisse pour le Roi. Il se débattit habilement entre les Puissances. L'Histoire connaît son œuvre. Elle dit quel profond politique il sut être. La Belgique officielle ne s'en souvient plus. Mais le peuple n'a pas oublié. J'ai confiance dans l'âme belge. Elle a montré sa grandeur en 1914-1918. Le roi Léopold II aura un jour, dans le pays qu'il a fait si riche et qu'il eût voulu mieux armer contre le danger de guerre, les réparations que sa gloire mérite.

Les fautes de l'homme, dans l'ordre privé, n'ont

pu faire de tort qu'à lui-même et aux siens. Son peuple n'en a jamais souffert. Il a même bénéficié, au mépris du droit naturel, des biens immenses qu'il a plu au Roi de lui attribuer, sans réserver la part de ses filles, ainsi exclues, par lui, de la famille belge.

Ici, nous touchons à un côté du caractère du Roi qualifié de contre-nature par les psychologues, comme la législation dont le gouvernement belge s'est servi en la circonstance paraît, aux légistes, contraire au Droit.

L'excuse de la Belgique, s'il en est une à l'illégalité, est que le Roi voulut passer outre au droit naturel.

J'ai lu, sous la signature d'un journaliste, que, dès avant son mariage, ou peu s'en faut, le Roi annonçait qu'il n'accepterait jamais aucun bénéfice de la charge royale et que sa fortune, en tout état de cause, ne saurait s'accroître au bénéfice de ses descendants.

Plaisante histoire et de pure invention. Un roi, du reste, est un homme comme un autre : sa charge vaut par les qualités qu'il y montre. Le Roi pouvait se ruiner, le Roi pouvait s'enrichir. Il a eu du génie, et il faudrait que ce fût une raison pour que ses enfants aient pu être bien et dûment dépouillés d'une fortune constituée, en partie, sur leur bien propre, engagé dans l'entreprise par la hardiesse paternelle!

Mais pourquoi le Roi voulut-il déshériter ses filles de son immense accroissement de richesse? Voilà ce qu'il faut préciser.

Le Roi voulut, dès longtemps, nous réduire, mes sœurs et moi, au minimum de ce qu'il croirait convenable de nous attribuer, c'est-à-dire beaucoup moins qu'à l'erreur de l'âge et des passions tardives, parce qu'après la mort de notre frère Léopold, il ne vit jamais en nous que des héritières repoussées par son ambition, torturée de n'avoir pas de descendance mâle.

Seule de mes sœurs, j'ai pu observer que, dans les années qui suivirent la mort de son fils, le Roi, à diverses reprises, se montra d'une humeur différente avec notre mère; il fut même aimable et plus fréquent. J'ai compris, devenue femme.

Clémentine vint au monde. Sa naissance avait été précédée d'une espérance déçue; et l'enfant qui arrivait était encore une fille!

Le Roi renonça, prenant en grippe l'admirable épouse à laquelle Dieu refusait de rendre un fils. Mystère des épreuves humaines.

Quant aux filles nées de l'union royale, elles

furent acceptées, tolérées, sans que le cœur du Roi s'ouvrît vraiment pour elles.

Cependant, nous n'en fûmes pas totalement exclues. Les sentiments de notre père à notre égard varièrent selon les circonstances, et pour moi, notamment, selon les calomnies et les intrigues. Ma sœur Stéphanie eut aussi à en souffrir.

Mariées toutes deux, de bonne heure, parties au loin, privées de l'occasion de revoir souvent le Roi, nous ne pouvions prétendre à être l'objet de sa constante pensée. Nous courions le risque d'être aisément desservies par des courtisans au service de nos ennemis.

Clémentine fut mieux placée. Elle eut de lui toute la tendresse qu'il pouvait accorder à l'une de ses trois descendantes, restée près de lui et qui l'entourait d'affection filiale, et conservait à la Maison Royale les traditions qu'à défaut de la Reine, savait y représenter une fille de la mère que nous avons eue.

V

MA PATRIE ET MA JEUNESSE

Il y a plus de quarante-cinq années que, dès mon mariage, le sort m'exila du pays qui m'a vue naître. Je n'y ai plus séjourné qu'en passant, et dans des circonstances souvent pénibles.

Eh bien! je reviendrais, les yeux fermés, du château de Laeken dans telle allée du parc; j'irais, de même, dans tel sentier de la forêt de Soignes et ailleurs. Il me semble que tout doit être encore à sa place, et tel que je l'ai connu.

Un chêne fut planté à Laeken, à la naissance de mon frère et de mes sœurs, comme à ma naissance. Je n'avais plus revu ces arbres votifs depuis de longues années, lorsque je revins en Belgique, pour quelques jours seulement, à la mort du Roi. Accompagnée du vieil ami de mon enfance, le gouverneur de mon frère, le général Donny, je fis une promenade à Laeken, et retrouvai — avec quels sentiments! — le petit jardin, jadis planté et cultivé par mon frère et moi, pieusement conservé. Pensée du Roi? Fidélité de serviteurs? Dans mon trouble, je ne pus questionner. Mes larmes seules parlaient.

Quand je fus devant nos chênes commémoratifs, je n'en vis que trois. On me dit alors que, par une émouvante coïncidence, celui qui marqua la venue de Léopold mourut jeune comme lui... Des autres, le mien était fort et dru. Celui de Stéphanie a eu le malheur de croître un peu de travers; celui de Clémentine est de forme normale.

Je n'ose dire que nos trois chênes sont l'image de notre destinée, selon notre vie intérieure, ignorée ou incomprise des hommes, et connue de la Nature confidente de Dieu. Mais ces trois chênes, et le quatrième, disparu de lui-même, m'ont troublée, le jour où je les ai revus.

Quels qu'ils soient, je les envie. Ils ont grandi, ils ont vécu, ils vivent sur le sol de mes morts, moins un, dont l'absence même est si expressive. Je voudrais les revoir encore et vivre, sinon dans leur voisinage, du moins à l'ombre de chênes poussés comme eux dans ma patrie.

Puissé-je y finir mes jours, et retrouver ma mère bien-aimée et ma vivante jeunesse dans les forêts, les campagnes, les villages où nous passâmes tant de fois ensemble. Elle m'en apprenait les secrets. C'est ainsi que se révélaient à moi la nature et la vie belge, l'univers et la société. La Reine aimait et me faisait aimer une terre héroïque dont l'histoire de la défense de ses libertés, au cours des âges, est peut-être la plus émouvante des Histoires.

Et j'y puisais l'ardeur de n'être jamais esclave.

Je sais que des bonnes gens de Belgique m'ont reproché, comme s'il y avait eu de ma faute, mon éloignement de notre commune patrie. Des témoins de ma jeunesse m'ont crue emportée dans un monde trop brillant, trop étranger, où j'oubliais la terre natale. Puis, les drames et les scandales où je fus traînée sur la claie de l'incompréhension et de la calomnie m'ont transformée en une coupable à laquelle ce n'était pas assez d'interdire de revoir sa mère mourante, en la retenant au fond d'une maison de fous. Elle méritait d'être rayée de la surface de la terre.

Ah! pauvre et misérable humanité, tellement portée au mal, que tu ne vois que lui dans chaque créature, quel était donc mon crime?

Je ne voulais, je ne pouvais plus vivre sous le toit

conjugal. J'avais tenu bon longtemps, me sacrifiant, comme je le devais, à mes enfants; puis, ceux-ci grandis et l'horreur de la vie commune étant chaque jour plus forte, j'avais écouté l'homme unique, le chevalier d'idéal qui m'avait préservée des égarements auxquels j'étais résolue pour oublier et faire comme tant d'autres!

J'aurais pu, dans mon palais, ou ailleurs, être l'héroïne de discrètes et multiples aventures. C'eût été conforme au Code des plus hautes convenances, et Dieu sait que les occasions surabondaient. Je ne fus pas cette hypocrite, et j'eus aussitôt contre moi toutes celles qui l'étaient. Innombrables. [illegible] J'eus aussi leurs confidents, [illegible] et [illegible].

Alors, la diffamation entreprit son œuvre détestable. La persécution, se masquant d'indignation du faux honneur, commença, implacable.

Ce de ce plus cruel effet pour moi fut le siège que l'on fit de la Reine et du Roi et de l'opinion belge.

Est-ce possible? Je me suis trouvée isolée, [illegible], emprisonnée, et condamnée à devenir [illegible], et tout fut fait pour que je le devinsse!

C'est à vous, mère juste, mère [illegible], morale sublime, que j'ai dû du [illegible]. Vous [illegible] par la lutte, on m'aurait [illegible] jamais transiger avec les devoirs essentiels que vous m'aviez enseignés. J'y suis restée fidèle. Mais j'ai souffert affreusement, du jour où vous ne pouviez comprendre ma révolte. J'étais supprimée du monde. Toutes les apparences, habilement exploitées, se tournaient contre moi. On vous disait : « Elle est perdue, c'est une démente, les médecins l'ont déclaré ! »

Quels médecins, Seigneur ! On l'a su par la suite.

Ah ! on envie les princesses. Qu'on les plaigne plutôt. J'en sais une pour laquelle il n'y a pas eu de justice ici-bas. On l'a mise hors du droit commun. La loi de tout le monde n'a été pour elle la loi, que lorsqu'on pouvait l'utiliser contre elle.

Oui, victime d'un abominable complot, dont l'inhumanité dépasse ce que la raison peut concevoir, je n'ai pu rentrer dans ma chère Belgique au moment où j'ai appris, en dépit de mes persécuteurs, que ma mère mourait à Spa ; je n'ai pu recevoir sa dernière bénédiction ; je n'ai pu suivre son cercueil...

Si je ne suis pas devenue folle alors, dans ma maison de fous, c'est que je ne devais pas, je ne pouvais pas le devenir. J'en tremble encore en y pensant.

Plus tard, lorsque le Roi mourut, j'avais recouvré ma liberté par une évasion qui fut l'œuvre de l'ami sans pareil qui, une première fois, m'ayant sauvée de moi-même, me sauvait de la prison et de la folie, après avoir failli, lui aussi, succomber sous les coups de la haine.

Mais ma liberté reconquise fut un nouveau crime, ma fidélité à un idéal incarné en un dévouement unique, un surcroît de forfait.

Quand je vins assister aux funérailles de mon père, je fus quasi gardée à vue. On me limita le terrain que je pouvais parcourir sur le sol de ma patrie. La fille aînée du grand Roi que la Belgique venait de perdre ne trouva, comme accueil, que celui d'une police en vêtements de cour, et fleurie de formules polies.

Oh! je n'incrimine personne, pas même des serviteurs dont je connus la servilité. Je sais combien il est tentant et profitable d'égarer les princes, et de quelle puissance est sur eux le mauvais conseil qui se pare d'un air de dévouement.

J'explique seulement pourquoi je ne suis pas restée davantage dans ma patrie bien-aimée.

Enfin, la guerre affreuse est survenue, au lendemain des débats du procès de la succession du Roi. Et, pour le coup, j'ai été encore plus définitivement rayée de la nation belge. Car, à toutes mes abominations, j'avais ajouté celle de croire qu'il y avait des juges en Belgique.

J'étais prisonnière à Munich, ou peu s'en faut, surprise en Bavière par les hostilités, et traitée en princesse belge, c'est-à-dire fort mal, comme on le verra plus loin.

A Bruxelles, je devins princesse ennemie, et, dès l'armistice, proclamée étrangère dans la patrie à l'intérêt de laquelle j'ai été sacrifiée à dix-sept ans, je me suis vue mise sous séquestre..., en prévision, surtout, de ce que je pourrais avoir, si l'impératrice, ma tante, venait à mourir.

Or, c'est de l'Histoire, mon mariage avec le prince de Cobourg a été annulé en 1907, par sentence du tribunal spécial de Gotha, jugeant suivant le droit des Princes, dûment transmise au Maréchalat de la Cour à Vienne. Le divorce a été acquis dans toutes les formes minutieuses de la procédure des Cours, et du statut de l'ancienne Maison d'Autriche. Le Roi m'a rendu officiellement mon titre de Princesse de Belgique.

De cela, qui n'est point rien, il n'a pas été fait cas, à Bruxelles —— simplement.

Il est vrai que la loi hongroise ne reconnaît pas le droit des Princes et la procédure de Gotha. Pour elle, en raison des biens que possède la famille de

Cobourg, en Hongrie, je suis demeurée Princesse de Cobourg.

Je me perds dans tous les liens où l'on m'a enchaînée. Mais le bon sens me crie que la disparition de la monarchie austro-hongroise et la séparation de l'Autriche et de la Hongrie, mettant fin à l'état mixte, a mis fin à la situation de « sujet mixte » qui était celle du Prince de Cobourg.

Par ses ascendants et de lui-même, le prince Philippe de Saxe-Cobourg et Gotha, prince autrichien, est d'origine franco-germanique et non hongroise. L'union princière rompue, l'union civile abolie, je me sens délivrée et rentrée dans ma nationalité belge, selon la volonté même du Roi.

On a voulu l'ignorer à Bruxelles. On m'a baptisée hongroise parce que le prince de Cobourg a un majorat en Hongrie. Ne pourrait-on aussi bien, s'il était propriétaire en Turquie ou en Chine, me proclamer Turque ou Chinoise ?

Je questionne. Je ne reproche rien, à qui que ce soit, surtout au principe supérieur d'autorité, pour la bonne raison que cela se passait dans un Etat dont le souverain et la souveraine s'étaient retirés devant l'envahisseur, afin de défendre le pays (on sait avec quel courage et quelle abnégation), à l'extrême frontière, préservée de la conquête ennemie. Ils rentraient en triomphe, tout à la joie de la victoire. Je veux penser que l'attitude adoptée à mon égard a été une fatalité du sort qui a voulu me faire étrangère dans ma patrie.

Cette patrie, si chère à mon cœur, j'ai pleuré sur elle en 1914. J'ai craint que son erreur, à mon égard, pût ajouter à ses malheurs.

Je savais que l'arrêt de Bruxelles me déniant, dans le bien paternel, jusqu'à la quotité disponible, avait déchaîné d'amères indignations à Berlin. Mon gendre, le duc de Schleswig-Holstein, beau-frère de l'empereur Guillaume II, était fondé à compter sur l'héritage du grand-père de sa femme.

Je ne dis point que dans la colère du souverain allemand devant la résistance de la Belgique, le souvenir de la déception d'un de ses proches, pour lequel il fut plutôt sévère, ait décidé de l'ordre d'écraser le petit peuple qui osait résister à la violation de sa neutralité. Mais il ne fut pas fait pour ramener l'irritable Guillaume II à la raison et à l'humanité, d'autant plus que ce malheureux, que j'ai connu dès mon enfance, était convaincu alors de son rôle de Fléau de Dieu et d'Invincible Justicier sur le théâtre de la guerre.

***

Oublions un moment ces misères et ces douleurs, pour parler de l'époque où je fus heureuse dans mon heureuse patrie. C'était le temps où j'excursionnais avec la Reine, et découvrais le royaume de mes parents.

Quelle joie, lorsque je pus conduire, comme ma mère. J'avais quatorze ans à peine; j'étais son élève. Nous partions fréquemment en expédition d'une journée, à travers notre chère Belgique, de l'aube à la nuit pleine. Deux ou trois voitures de la Cour se suivaient. La Reine conduisait le premier équipage; moi, le second; quelque officier ou une des dames d'honneur, plus tard, ma sœur Clémentine, le troisième. Avec nous venaient souvent le Docteur Wiemmer, compatriote et ami dévoué de la Reine, et qui était arrivé à la cour avec elle; le bon général Donny, le général Van Den Smissen, quelques-unes des dames d'honneur et autres fidèles de l'entourage. On faisait halte au hasard. La forêt de Soignes, les environs de Spa, les Ardennes virent plus d'une fois la Reine dans une clairière, assise sur l'herbe, et mordant à pleine bouche dans un de ces fameux « pistolets » fourrés, de Bruxelles, sortis des cantines royales. Que de bonnes choses il y avait! Le goût m'en revient aux lèvres. Comme la Belgique était bonne alors, et quel air pur nous rafraîchissait. Pour moi, avidement, je respirais l'avenir.

Dans ces excursions, souvent lointaines, la Reine emportait la carte et faisait elle-même son itinéraire, avec la sûreté d'un officier d'état-major, et m'enseignait, ainsi qu'à mes sœurs, à savoir nous orienter.

A cette époque, l'automobile n'avait pas encore ravagé le monde. J'ai lu ce mot stupéfiant d'un Français : « La vitesse est l'aristocratie du mouvement. » A ce compte-là, l'irréflexion est l'aristocratie de la pensée.

L'automobile est parfois un bienfait individuel, et, constamment, un fléau général. A côté de quelques satisfactions et commodités qu'elle procure, elle bouleverse l'existence en la précipitant.

Au temps des voitures attelées, nous avions d'autres impressions d'une journée d'expédition qu'on n'en a, maintenant, au long de trois semaines de haltes fiévreuses en divers Palaces, au bout d'interminables haies de peupliers, entrecoupées d'apparitions de champs, de toits, de volailles, dans une trépidation constante sous le vent qui décoiffe et la boue qui salit.

Il y a près d'un demi-siècle, le cheval était la parure et l'agrément de la meilleure société européenne. L'exemple de la Reine y fut pour quelque chose.

En France, dans la famille d'Orléans, qui est la nôtre, le duc et la duchesse de Chartres donnaient le ton aussi bien à Cannes qu'en Normandie, et dans la région délicieuse de Chantilly. La duchesse pratiquait l'équitation en admirable amazone. J'ai gardé le souvenir de ses yeux noirs, de ses traits purs, de ce rayonnement de sa personne fait de grâce naturelle et de distinction innée.

Le prince de Joinville, si artiste, si spirituel, était d'une galanterie exquise. Il fut pour moi des plus empressés, ainsi que son frère, le duc de Montpensier. Nous étions très gais. Les personnages graves de la famille nous regardaient d'un œil sévère.

Ceci m'amène au plus indulgent, au plus grand seigneur, au duc d'Aumale, fidèle ami de la Belgique et notre hôte bien des fois. Oh! la loyale et noble physionomie que la France républicaine commit la faute de ne pas utiliser. Il se vengea comme il était capable de le faire, en comblant de ses bienfaits son aveugle patrie.

J'ai vécu sous son toit. J'y pense avec une ferveur attendrie. Je me revois, dans une chambre au rez-de-chaussée, donnant sur les douves, dans ce Chantilly dont l'hôte princier, entouré de tout ce qui comptait, en France, lorsqu'il recevait, ajoutait fréquemment à sa compagnie la grande figure du prince de Condé, qu'il avait l'art de faire revivre pour l'honorer.

La Reine et le duc d'Aumale avaient l'un pour l'autre un attachement réciproque. Lorsque vinrent, pour ma mère, les amertumes d'une situation rendue difficile, puis impossible par l'oubli, dans le Roi, de ce que l'homme devait au Prince, le duc d'Aumale fut de ces amis inappréciables dont la délicate compréhension et la fidèle pensée consolent des délaissements.

Dévouée au duc d'Aumale, j'ai beaucoup connu aussi la comtesse de Paris, chez laquelle j'ai séjourné, au château d'Eu. C'était une femme originale, voire fantasque, mais d'une bonté joyeuse et agissante.

Une autre femme de la famille d'Orléans me fut, de bonne heure, familière : la princesse Clémentine, de mémoire respectée, fille du roi Louis-Philippe et femme du prince Auguste de Cobourg.

Je devins sa belle-fille par mon mariage avec son fils aîné. Mon espoir fut alors qu'elle serait pour moi une seconde mère. Il ne tint ni à sa bonté, ni à mon désir, que sa vieillesse et ma jeunesse pussent s'accorder.

Ma gratitude évoque aussi mes très proches, le comte et la comtesse de Flandre, et tant de bontés que je n'ai pas oubliées. Leur noble vie connut l'affreuse tristesse de l'écroulement d'un avenir tendrement préparé. Mais Dieu leur avait accordé des réserves d'affections et d'espérances.

J'allais oublier un des chers souvenirs de ma plus tendre enfance : la Reine Marie-Amélie, veuve du Roi Louis-Philippe.

Cette femme d'élite, qui porta son deuil et son exil avec tant de dignité, fut mon arrière-grand'mère, et ma marraine. Elle s'était retirée au château de Claremond, en Angleterre.

A la nouvelle de ma venue au monde, une de ses premières questions fut : « A-t-elle de petites oreilles ? »

Elle témoigna le désir que je fusse nommée Louise-Marie, en souvenir de sa fille, ma vénérée grand'mère, première Reine des Belges.

Je revois la douce et vénérable aïeule aux boucles blanches émergeant du bonnet de dentelle à larges brides. Je revois le petit déjeuner du matin, à côté de la bergère profonde, et le pain à la grecque donné de sa main, lorsqu'on avait été sage. Puis le poney, porteur du double panier dans lequel on nous installait, ma cousine, Blanche de Nemours, et moi, pour la promenade quotidienne dans les allées du grand parc.

La Reine avait comme lectrice une demoiselle Müser, une Allemande qui fut l'amie, la compagne constante de ses vieux jours. J'étais bien jeune alors : quatre ans tout au plus. Et cependant, j'ai pieusement gardé en moi l'image, la voix, la tendresse de mon arrière-grand'mère Marie-Amélie, Reine des Français.

De mes deux sœurs que mon souvenir revoit toujours dans l'heureux temps où nous ignorions encore ce qu'on appelle la vie, on sait que l'une et l'autre se sont mariées, Stéphanie, très tôt, comme moi, Clémentine, bien plus tard.

Stéphanie enfant, jeune fille et jeune femme, était d'une grande fraîcheur et beauté. Clémentine, très belle aussi, avait plus de charme. Le destin lui a souri. Son existence prolongée près du Roi lui a donné des vues et des directives que nous n'avons pas eues. Chaque nature a ses dons et ses chances. Loterie humaine.

Clémentine a épousé le prince Victor-Napoléon, et les possibilités diverses qu'un nom aussi éclatant porte avec lui. Stéphanie a fait un mariage qui semblait resplendir, non d'éventualités, mais de certitudes. Je parle du premier, car elle s'est mariée deux fois. La première fois, elle a eu le bonheur d'épouser un être chevaleresque, et qui était, peut-être, le plus remarquable des jeunes hommes de son temps. Il lui apportait en partage la couronne de Charles-Quint et les trônes d'Autriche-Hongrie... Couronne et trônes ont disparu, comme emportés par un magicien infernal, et ma sœur est restée, pour l'Histoire, la veuve de l'archiduc Rodolphe. Elle n'avait que vingt-cinq ans, quand il mourut.

Je n'ai rien dit du décor au milieu duquel paraissaient les divers personnages qui parlaient à mon intelligence et à mon cœur, à l'âge où ils s'ouvraient. Il n'offre rien que de très connu.

Le plus intéressant pour ma jeunesse, fut le château de Laeken. Il ne me reste aucune impression agréable du Palais de Bruxelles, quoique je n'aie pas oublié la galerie et les salons dont les beaux tableaux m'intéressaient, surtout un Charles II, par Van Dyck, vêtu de noir, pâle et noble visage où je croyais lire la mélancolie du destin des Rois.

J'ai vu beaucoup de demeures princières et royales. Elles se ressemblent toutes comme les Musées, et sont, de même, en général, austères et fatigantes. Mieux vaut une chaumière et un petit Téniers pour soi seule, que dix salons et cinq cents toiles qui sont à tout le monde.

Je me plaisais à Laeken, parce que le travail devenait moins absorbant; nous avions plus de liberté, plus d'espace. Je ne me privais ni de courir, ni de sauter, dans les jardins et le parc, entraînant, dès le bas-âge, mon frère qui était la fille et moi le garçon. J'étais forte, vive et endiablée.

Je passais pour une enfant volontaire et avide de s'instruire. Mon habitude de poser des questions m'avait fait surnommer *Madame Pourquoi?* J'ai toujours aimé la logique et la vérité. Mon instinctive passion du vrai me fit, un jour, cribler de coups de pied et de poing ma gouvernante qui, par un faux rapport, m'avait valu une punition. J'étais dans un tel état que le docteur Wiemmer, appelé, voulut en tirer la cause au clair. Sa conclusion fut que j'avais raison, dans le fond, sinon dans la forme, et que mon caractère était celui d'une nature entière dont on aurait ce qu'on voudrait par la douceur, la franchise et l'équité. On renvoya la gouvernante.

La Reine, bien des fois, rappela cet incident et les paroles du docteur.

Ce médecin, si dévoué à ma famille et trop tôt

disparu, sauva ma sœur Stéphanie d'une fièvre ty-
phoïde à la suite de laquelle le Roi et la Reine
nous emmenèrent à Biarritz. Le changement d'air
était nécessaire à notre convalescence. Nous occu-
pions la même chambre donnant sur la mer, à la
villa Eugénie, ma sœur et moi. J'avais treize ans,
Stéphanie sept. Je prenais soin d'elle. Il ne fallait
pas qu'elle eût froid. Une nuit, un vent de tempête
se leva, venant du large et poussant des trombes
d'eau.

Réveillée, je cours, en chemise à la fenêtre, qui
s'était ouverte. Le système de fermeture ne fonc-
tionne pas ou je suis maladroite : je n'arrive pas à
fermer. Le vent arrivait si furieux qu'à chaque moment, j'étais repoussée dans mon effort. Je tremblais : j'avais peur pour Stéphanie. Je continuai de
lutter contre le souffle de l'océan déchaîné. Que
dura ce combat? Je ne sais plus. Je me souviens
seulement qu'on me trouva glacée, trempée, grelot-
tante, et qu'on me mit dans un lit chaud.

Les yeux clos, j'entendis le docteur Wiemmer
dire à la Reine :

— Voilà toute cette enfant : une autre aurait
appelé, sonné. Elle n'a pas voulu d'aide pour protéger sa sœur, et la tempête ne l'a pas effrayée. Elle
n'écoutera qu'elle-même et ne reculera pas.

Hélas! chacun est fait au gré de la destinée.

Le premier coup du sort dont j'ai senti la cruelle rigueur fut la mort de mon frère Léopold.

J'avais pour lui les sentiments d'une sœur aimante et maternelle. C'était mon bien, ma chose, mon enfant. Nous grandissions côte à côte, moi tirant de mes douze mois d'avance une autorité considérable. Et j'étais respectueusement obéie.

Léopold, duc de Brabant, comte de Hainaut, aimait à jouer avec des poupées; je préférais, de beaucoup, jouer avec lui. Cependant, notre oncle, l'archiduc Étienne, frère de ma mère, un des meilleurs hommes et des plus distingués que la terre ait portés, nous avait donné deux poupées hongroises, chef-d'œuvre du genre.

La mienne fut baptisée *Figaro*. Souvenir imprévu de Beaumarchais, ennemi des cours. Qui l'appela ainsi et pourquoi? Je ne saurais le dire. Celle de mon frère reçut le nom plus modeste et romantique d'*Irma*.

Il fut un temps où Figaro et Irma réjouirent le Palais et Laeken. Ils déridèrent même le Roi. J'organisais des représentations avec Léopold, Irma et Figaro, à rendre jaloux Bartholo!

Nous étions joyeux et insouciants, mon frère et moi, comme on peut l'être à notre âge; et la mort venait. Ce fut un déchirement de mon être, cette disparition de mon frère chéri, dans sa neuvième année. J'osai, je m'en souviens, maudire Dieu, le renier...

Léopold, beau, sincère, tendre, intelligent, résumait, pour mon cœur, ce qu'il y avait de plus précieux dans le monde, après notre mère adorée. Je ne concevais pas plus l'existence sans lui que le jour sans lumière. Et il partit... Je le pleure encore! Il y a plus de cinquante ans de cela!

S'il avait vécu, que de choses changées!

Notre Maison, frappée dans la descendance mâle de sa branche aînée, ne devait pas se relever de cet arrêt du sort. La Belgique saura se souvenir de la grande œuvre accomplie par elle. Mon père et mon grand-père l'ont faite ce qu'elle est.

Elle n'oubliera pas non plus quel ange venu sur la terre fut ma grand'mère, l'immortelle reine Louise. Tant de larmes versées sur sa mort ont laissé leur trace dans le cœur de la Belgique.

De mon grand-père, je répéterai ce que lui disait solennellement M. Delehaye, président de la Chambre des Représentants, dans l'adresse au Roi, lors des magnifiques fêtes des 21 au 23 juillet 1856, pour célébrer le 25ᵉ anniversaire de son accession à la couronne.

« Le 21 juillet 1831, la confiance et la joie éclataient à votre couronnement, et, cependant, Sire, vous étiez seul alors sur votre trône, avec vos qualités éminentes et la perspective de belles alliances politiques. Aujourd'hui, vous n'êtes pas seul, vous vous présentez au pays appuyé sur vos deux fils, et sur le souvenir béni d'une Reine aimée et regrettée comme une mère, environné de la famille royale, avec d'illustres alliances contractées, avec la confiance et le sympathique appui des gouvernements étrangers, avec une renommée qui a grandi et l'amour des Belges qui a grandi plus encore que cette renommée. Sire! Nous pouvons avoir foi dans l'avenir... »

Ne puis-je pas, ne dois-je pas, moi aussi, avoir encore foi dans l'avenir?

J'en appelle à mes illustres ascendants; j'en appelle à la Reine, j'en appelle au Roi, près de qui je fus trop souvent desservie et trahie... De ce monde où tout s'illumine pour l'âme affranchie de la terre, il peut voir clair en moi!

VI

MON MARIAGE & LA COUR D'AUTRICHE

*****
******

DES FIANÇAILLES AU LENDEMAIN
DES ÉPOUSAILLES

Quand on décida que je serais mariée, je venais
à peine d'avoir quinze ans.

Je fus promise officiellement au prince Philippe
de Saxe-Cobourg-Gotha, le 25 mars 1874. Le 18
février, j'étais entrée dans ma seizième année.

Mon fiancé montrait de la persévérance. Deux
fois déjà, il m'avait demandée. Sa première démarche remontait à deux années. Le Roi lui avait
répondu de voyager. Il avait fait le tour du monde.
Puis, il était revenu à la charge. De nouveau, on
l'avait prié d'attendre.

M'épouser était chez lui une idée fixe. Quelle sorte d'amour l'inspirait? S'était-il épris de la grâce de ma chaste jeunesse, ou la notion précise de la situation du Roi et de l'avenir de ses entreprises enflammait-elle d'un feu positif le cœur d'un homme épris des réalités d'ici-bas?

Les fiançailles faites, les deux familles intéressées et, plus spécialement, la Reine, d'une part, et la princesse Clémentine, de l'autre, arrêtèrent que mon mariage ne serait célébré que douze mois plus tard.

J'étais si jeune!

Mon fiancé avait quatorze ans de plus que moi. Quatorze ans, ce n'est peut-être pas énorme entre une jeune fille de 25 ans et un homme de 39; c'est beaucoup, entre une innocente de 17 ans et un amoureux de 31.

Je l'avais entrevu, parfois, au cours de ses rapides passages à Bruxelles. Nous nous étions dit des choses insignifiantes, comme un homme de son âge pouvait en dire à une enfant du mien, et en écouter d'elle. Mais il me semblait le bien connaître, et depuis toujours. Nous étions cousins issus de germains. Première difficulté d'ailleurs : il fallait l'autorisation de Rome, pour nous marier. On la demanda et on l'eut. C'est d'usage.

Mon fiancé me laissa à mes études qu'il convenait de parachever, pour faire une entrée réussie dans un monde étranger. Et quel monde! La cour la plus vraiment cour de l'univers. L'ombre de Charles-Quint et l'ombre de Marie-Thérèse; la solennité espagnole, mêlée à la discipline allemande; un empereur que ses malheurs militaires avaient grandi plus que diminué, tellement il portait bien l'infortune; une impératrice, souveraine entre les souveraines par d'incontestables perfections. Autour d'eux, la nuée des archiducs et archiduchesses, des princes, ducs et gentilshommes les plus titrés de la terre.

C'était fort impressionnant pour une princesse belge qui ne regrettait pas ses robes courtes, parce qu'on ne les regrette jamais quand la mode est aux robes longues, mais qui était encore bien étonnée de se voir habillée en jeune fille.

Cependant, je ne m'embarrassais ni ne m'effrayais de rien, considérant toutes choses à travers les fiançailles et le fiancé.

J'aurais épousé celui-ci, dès le jour que j'eus la première bague, si on m'en avait priée. Je veux dire que je serais allée devant le Bourgmestre et le Cardinal, avec la même candeur qu'un an plus tard.

Saine et pure, élevée en bel équilibre de santé

physique et morale par les soins d'une mère incomparable, privée, par mon rang, des amies plus ou moins éveillées qui font des confidences, je me donnais de tout l'élan d'une confiance éthérée au mariage prochain, sans me douter exactement de ce que cela pouvait être. Je n'étais plus sur la planète terre; je créais un astre où mon fiancé et moi, nous allions vivre dans une atmosphère de félicité. L'homme qui serait mon compagnon sur la route enchantée de cette vie dans l'azur, me semblait beau, loyal, généreux, virginal comme moi.

Venues plus tard les heures de mon martyre, et des débats scandaleux où l'intimité de mon cœur fut livrée aux fauves du prétoire, il s'en est trouvé qui ont fait état de mes lettres de fiancée. Elles témoignaient beaucoup d'amour. J'écrivais à l'élu de mes parents et de mes illusions, comme j'aurais écrit à un Archange appelé à m'épouser. Je le parais de la beauté de mes désirs; je le transfigurais.

Les fauves en ont effrontément déduit que j'étais une créature d'incohérence et de duplicité.

Je le demande aux femmes : entre l'amour que nous concevons et celui qui se présente, n'y a-t-il pas bien souvent un abîme?

J'ai été coupable, criminelle, infâme de rouler dans cet abîme. Telle est l'humaine vérité.

Pourquoi ma mère si bonne, pourquoi le Roi si expérimenté, voulurent-ils ce mariage, malgré la disproportion d'âge et le peu de titres que présentait mon fiancé à l'admiration universelle, en dehors de ses titres nobiliaires?

Premièrement, sa mère, justement aimée et respectée, plaidait pour lui. Elle mettait sur sa personne quelque chose de ses mérites.

Secondement, le prince Frédéric de Hohenzollern avait exprimé l'intention de me demander en mariage. Le Roi et la Reine, avertis, ne tenaient pas, pour des raisons de tout ordre, à se rapprocher davantage de la maison de Berlin. D'autres prétendants, plus ou moins opportuns, pouvaient survenir. Donc, afin de couper court, je serais fiancée comme je le fus.

La Reine, d'ailleurs, se félicitait d'envoyer sa fille aînée à cette cour de Vienne où elle avait brillé. Elle y demeurait influente. J'en bénéficierais. Elle était encore plus satisfaite de songer que, par le majorat des Cobourg, en Hongrie, j'aurais des attaches solides, dans ce beau pays cher à son souvenir, et qu'elle y pourrait souvent rejoindre sa fille, peut-être même s'y retirer, car elle prévoyait un avenir de plus en plus difficile.

Mon fiancé reparut. Un an passe vite. La date

du mariage approchait. Je connus les fleurs de rhétorique et les fleurs de serre d'une cour quotidienne. Et je me demandais pourquoi jamais la Reine ne nous laissait seuls, l'Archange et moi.

Mon fiancé parlait de ses voyages. Il en avait rapporté de singulières collections. Mais je ne les connus que par la suite. Il parlait aussi de ses plans d'avenir, des nombreuses propriétés des Cobourg, etc... Je m'abandonnais à de douces espérances, et répondais en disant les splendeurs de mon trousseau, enrichi des dons féeriques de la Belgique, dentelière et brodeuse sans seconde.

Enfin, j'essayai la robe blanche symbolique, sous le voile céleste, chef-d'œuvre en dentelle de Bruxelles, et je fus reconnue apte à manœuvrer une traîne, et à faire des révérences aussi bien que la plus souple des Demoiselles de Saint-Cyr.

Comblée de bijoux, je planais de plus en plus haut, encensée d'hommages, de félicitations et de vœux, sans voir que mon fiancé était d'un an moins jeune, et que j'avais grandi et pris une espèce de personnalité enfermée dans ses rêves et ses imaginations.

On m'exaltait sur tous les tons, en vers et en prose, avec ou sans musique, et il paraît que j'étais

« une fleur de beauté irradiante ». Je m'en tiendrai à cette citation.

De mon mari, on dut aussi célébrer le maintien, la noblesse, et autres prestiges. Je sais qu'il avait revêtu son uniforme militaire hongrois, et que nous reçûmes le Bourgmestre de Bruxelles, le célèbre M. Anspach, qui vint nous unir civilement au palais, le 4 février 1875. Puis ce fut en grand apparat que nous comparûmes devant le Cardinal Primat de Belgique.

Un autel était dressé dans la vaste salle attenant à la salle de bal. Je passe sur la décoration. Les chants et les prières me retenaient au ciel, et je n'oubliais pas, pourtant, que je servais de point de mire à l'assistance. Si ce n'était pas un parterre de rois, c'était un parterre de princes. A défaut des souverains, que leur grandeur retient attachés au rivage, il y avait là tout ce qui comptait sur les degrés des trônes : le prince de Galles, le kronprinz Frédéric, l'archiduc Joseph, le duc d'Aumale, le duc de Saxe-Cobourg, enfin une tranche énorme du Gotha.

Si j'entrais dans le détail d'une cérémonie de cet ordre, je n'en finirais pas. Mais rien n'offre moins d'attrait, à mon sens. Je suis toujours surprise quand, ouvrant parfois un roman moderne, je constate la peine que prennent des gens de talent pour décrire les somptuosités rituelles des unions terrestres.

Je n'en sais qu'une de hors de pair dans ce genre : celle de la Belle au Bois Dormant. Heureuse Belle, qui fut endormie avec sa cour juste au moment, je crois, d'un mariage qui ne lui aurait pas réussi.

Mais où sont les fées du temps où les bêtes parlaient ?

Les fées se sont évanouies, et les bêtes ne parlent plus, sauf en nous-mêmes, et ce qu'elles disent n'a rien des jolis discours des fables et des contes. Ce sont de laides réalités.

J'ai pris par le plus long, mais, quoi qu'il m'en coûte, il faut que j'arrive à dire des choses qui n'ont jamais été dites, et qui expliquent le fond du fond du drame de ma vie.

On en a bien murmuré quelque chose, jadis, mais je ne m'arrête pas aux racontars obscurs qui, alors, égayèrent plus qu'ils n'attristèrent Bruxelles et la cour.

Je ne suis pas, je le sais, la première créature qui, après avoir vécu le temps des fiançailles dans le bleu, est brusquement, un soir, précipitée à terre, se relève meurtrie, et s'enfuit en pleurant.

Je ne suis pas la première qui, victime d'une excessive réserve, basée, peut-être, sur l'espoir que la délicatesse du mari et la maternelle nature se trouveront d'accord pour tout arranger, n'apprend rien, d'une mère, de ce qu'il faut entendre lorsque sonne l'heure du berger.

Toujours est-il que, venue à l'issue de la soirée du mariage au château de Laeken, et tandis que tout Bruxelles dansait aux lumières intérieures et extérieures des joies nationales, je tombai du ciel sur un lit de rocs tapissés d'épines. Psyché, plus coupable, fut mieux traitée.

Le jour allait à peine paraître que, profitant d'un moment où j'étais seule dans la chambre nuptiale, je m'enfuis à travers le parc, les pieds nus dans des pantoufles, vêtue d'un manteau jeté sur mon costume de nuit, et j'allai cacher ma honte dans l'Orangerie. Je trouvai un refuge au milieu des camélias, et je dis à leur blancheur, leur fraîcheur, leur parfum, leur pureté, à tout ce qu'ils étaient de doux et de caressant dans la serre éclairée par une aube d'hiver, et d'une tiédeur, un silence, une beauté qui me rendaient un peu mes paradis perdus, je dis mon désespoir et ma souffrance.

Une sentinelle avait vu passer une forme grise qui se hâtait vers l'Orangerie. Elle s'approcha et, prêtant l'oreille, reconnut ma voix. Elle courut au château. On ne savait pas ce que j'avais pu devenir. Déjà, l'alarme était donnée discrètement. Un guide monta à cheval et courut à Bruxelles. Le téléphone n'était pas inventé.

La Reine ne tarda pas à paraître. Dans quel état, mon Dieu! Et moi-même, revenue dans mon appartement sans vouloir me laisser approcher de qui que ce fût d'autre que mes femmes, j'étais plus morte que vive.

Ma mère se tint près de moi longuement. Elle fut aussi maternelle qu'elle pouvait l'être. Il n'est point de douleur qui, dans ses bras et à sa voix, ne se serait calmée. Je l'écoutais me gronder, me cajoler, me parler de devoirs que je devais comprendre.

Je n'osais objecter qu'ils étaient bien différents de ceux que j'avais conçus.

Je finis par promettre d'essayer de me dominer, d'être plus sage et, comme elle le disait, moins enfant.

J'avais dix-sept ans, à peine commencés; mon mari achevait sa trente-et-unième année. J'allais être son bien et sa chose. On vit, hélas! ce qu'il fit de moi!

VII

MARIÉE !

Au lendemain d'un début si pénible dans la vie à deux, je ne fus pas témoin sans une amère tristesse de l'achèvement des préparatifs de mon départ pour la lointaine Autriche. Jamais la Belgique ne m'avait été plus chère, ni ne m'avait paru plus belle.

J'allai dire adieu, en cachant mes larmes, à tous ceux qui m'avaient connue enfant, jeune fille, qui m'avaient aimée et servie, puis aux choses familières à mon enfance dans ce château de Laeken, où tout parlait à mon affection. Je ne prévoyais guère, pourtant, que j'y serais un jour une étrangère. Que dis-je? Une « ennemie »!

Nous partîmes, suivant le terme consacré, en voyage de noces. Mais il y a noces et noces.

J'aurais voulu emmener quelqu'une de mes femmes. Il n'y fallait pas songer. Le palais de

Cobourg avait ses serviteurs. On m'expliqua qu'un élément étranger romprait l'harmonie de cette demeure de haut style. Je dus me contenter d'une suivante hongroise, d'ailleurs habile, mais enfin qui n'était pas de mes fidèles.

Et, pour tout, il en serait ainsi. Mes goûts, mes préférences, passeraient après ce qui serait décidé en conseil de famille.

Malheureusement, l'austérité qui régnait dans la salle de ce chapitre, ne régnerait pas au Palais à toute heure et dans toutes les pièces. J'allais m'en apercevoir.

En attendant, nous fûmes à Gotha, où le duc Ernest de Saxe-Cobourg, prince régnant, et sa femme, la princesse Alexandrine, firent un affectueux accueil à leur nouvelle nièce.

Le duc était un vrai gentilhomme, qui devint un de mes oncles préférés. Il parlait volontiers des personnages de son temps, et de son ami, le comte de Bismarck, et passait aisément à des sujets moins graves, encore que je fusse curieuse d'être instruite des hommes et des choses de cette Allemagne de laquelle je me trouvai si rapprochée par mon mariage. J'ai dit que sa langue était pour moi un parler aussi naturel que le français, comme il est de règle à la cour de Bruxelles. La Belgique n'a-t-elle pas tout à gagner à être bilingue, et à servir d'intermédiaire entre la région latine et la région germanique? Moins que l'Alsace et le Luxembourg, un peu comme eux, cependant, ne doit-elle pas bénéficier des deux cultures?

En quittant Gotha, nous allâmes à Dresde, puis à Prague, et enfin à Budapesth, brûlant Vienne. Passons sur ces visites princières et leurs réceptions identiques, à peu de chose près. L'intérêt est de dire, puisqu'il faut que j'explique ma vie calomniée, si, tombée du ciel, j'y remontais.

Nullement, et des années et des années devaient s'écouler avant que mon existence ne s'embellisse, de nouveau, d'un rayon d'idéal, les joies de la maternité mises à part.

Le seul souvenir précis que j'ai gardé de ce premier déplacement, en qualité de princesse de Cobourg est que, chaque soir, au festin de rigueur, mon mari prenait soin de me faire servir abondamment des vins généreux.

Je suis devenue, ultérieurement, capable de distinguer un Volnay d'un Chambertin, un Voslauer d'un Villanyi, un champagne d'un autre champagne.

Le corps ainsi entraîné à la résistance stomachique et à l'expérience de la dégustation, l'esprit à dû suivre. J'ai étendu le champ de mes lectures, et connu des livres dont la Reine et la princesse Clémentine n'auraient pas voulu croire qui les mettait entre mes mains...

Aux jours de ma révolte ouverte, on s'est scandalisé de certaines libertés de ton et d'allure que j'ai volontairement exagérées. Mais qui me les avait apprises ? Et, encore une fois, où allais-je et que serais-je devenue, si Dieu n'avait mis sur mon chemin l'homme incomparable qui, seul, eut le courage de me dire :

— Madame, vous êtes une fille de Roi. Vous vous perdez ! Une femme chrétienne se venge de l'infamie en s'élevant au-dessus d'elle, et non en descendant à son niveau. »

Donc, étourdie, grisée de toute façon, je passais en revue la famille de Cobourg et ses divers palais et châteaux. Je connus, enfin, à Vienne, celui qui allait me servir de principale résidence.

J'eus froid en y entrant.

Il a grand air de dehors. Il est lugubre à l'intérieur, surtout l'escalier. Je n'en ai aimé que le salon en point de Beauvais que firent, pour Marie-Antoinette, ses dames d'honneur.

Ma chambre m'épouvanta. Quoi ! C'était cela qu'on avait préparé pour recevoir mes dix-sept ans! Un étudiant de Bonn, où le Prince avait fait ses études, aurait pu s'y plaire, mais une jeune fille depuis peu jeune femme...

Qu'on imagine une pièce moyennement grande, meublée à mi-hauteur de la muraille de petites armoires en bois sombre, fermées de vitres à rideaux bleus derrière lesquels je n'ai jamais voulu regarder! Certains meubles étaient des constructions gothiques. Au milieu de ce paradis, une immense vitrine pleine des souvenirs de voyage du Prince : oiseaux empaillés à long bec, armes, bronzes, ivoires, Bouddhas, pagodes. J'en eus le cœur soulevé! Avec cela, pas de dégagements ou annexes nécessaires, sauf un étroit et sombre corridor utilisé par les gens de service. Pour arriver chez moi, il fallait traverser la chambre du Prince, précédée d'une espèce de salon rébarbatif. Toutes ces pièces se commandaient et n'avaient pas ombre de goût. De vieux meubles massifs, garnis d'un reps centenaire, voilà ce qui s'offrait à ma jeunesse. Tout était vieux, médiocre, morose. Peu ou pas de fleurs, rien de confortable, d'intime, d'avenant. Quant à une salle de bains, pas d'ombre. Il y avait deux baignoires dans tout le Palais, fort loin et de style archaïque. Et le reste! N'en parlons pas!

Ma première observation fut sur cette organisation anti-hygiénique, et sur les accessoires indispensables mis à ma disposition immédiate. Leur exiguïté me navrait. On me répondit que d'illustres aïeules s'en étaient contentées.

On sait que l'habitude est une seconde nature. La princesse Clémentine ne voyait pas ces choses-là, et même la vitrine aux oiseaux empaillés, en compagnie desquels il fallait que je vive, lui semblait charmante. Elle admirait les collections de son fils sans les connaître toutes, ou sans les comprendre, heureusement, car, dans notre palais de Budapesth, je vis les pièces rares : des souvenirs du Yoshivara qu'une jeune femme ne pouvait regarder sans rougir, quand une main experte soulevait leur voile.

Quelle école !

Cependant, grâce au régime bachique organisé par mon mari, les choses étaient allées cahin-caha depuis l'orage du début.

Notre incompatibilité foncière se dessina au palais de Cobourg, devant la princesse Clémentine, à propos du café au lait. Déjà, dans notre voyage de noces, le Prince m'avait enseigné qu'une âme bien née ne saurait prendre du café sans lait. Telle est la conviction germanique. L'Allemagne n'imagine pas plus le café sans le lait, que le soleil sans la lune. Or, depuis que j'ai cessé, au premier âge, de prendre le sein de ma nourrice, je n'ai jamais pu boire de lait, je n'en ai jamais bu, je n'en bois jamais. Mon mari s'était mis dans la tête de m'en faire boire, et spécialement dans le café, faute de quoi les traditions, les constitutions, les fondements de tout ce qu'il y avait de germanique sur la terre se trouvaient ébranlés.

La discussion reprit devant la princesse Clémentine, qui mettait du lait dans son café. Sa douceur la plus affectueuse ne put venir à bout de l'opiniâtreté de mon estomac. Je vis bien que je lui faisais de la peine. Son fils se courrouça au point de me dire des choses pénibles. Et moi de répliquer du même ton. La Princesse, quoique sourde, entendit que les choses se gâtaient, et nous calma de son mieux, mais le coup était porté. Nous eûmes, désormais, l'un et l'autre, le café au lait sur le cœur.

Je m'arrête à de tels traits, parce que la vie commune est une mosaïque de petites choses que peuvent cimenter de grands desseins ou de hauts sentiments, mais qui, en elles-mêmes, expriment les nécessités quotidiennes dont nous sommes esclaves. L'existence humaine est une pièce, comédie ou tragédie, qui se ramène à deux décors : la salle à manger et la chambre à coucher. Le surplus est accessoire.

Quel gâchage du temps nous faisons presque toutes, ici-bas, dans les occupations du haut rang et l'obligation de paraître pour être. Nous oublions la parole de Franklin : « Le temps est l'étoffe dont la vie est faite. »

Je me reproche amèrement, aujourd'hui, d'avoir si peu vécu, tout en ayant mené une existence tourmentée, s'il en fut sur terre. Je n'ai pas connu assez cette vie véritable qui est celle de la pensée. Que de gens distingués j'aurais dû pratiquer ! Que d'écrivains, de savants, d'artistes, dont j'aurais dû savoir m'entourer !

Mais l'aurais-je pu ?

Mes curiosités les meilleures étaient critiquées, contrariées, repoussées. Le Prince mon mari enseignait sur toutes choses, du haut de l'expérience de son âge.

On s'est étonné, par la suite, de mes dépenses, de mes toilettes multipliées, saccagées... Ah ! Seigneur, j'aurais dû devenir folle à force d'être comprimée. Un beau jour, j'ai éclaté.

Oh ! ce palais de Cobourg, et cette existence où la moindre fantaisie, le plus petit goût de parisianisme importé de Bruxelles et, en vérité, déjà bien assagi, provoquait d'aigres paroles ; ce soupçon de décolletage qui déchaînait des jalousies ; ce désir de vivre un peu pour moi-même, sans être soumise aux heures rigoureuses d'une caserne, qui provoquait des tempêtes.

Mon Dieu! quand je repense à tout cela, et aux oiseaux empaillés, aux malsaines lectures, aux anecdotes et plaisanteries graveleuses, et aux misères quotidiennes, — et j'estompe! — je me demande comment j'ai pu résister si longtemps. C'était plus affreux, à la longue, que d'être enfermée comme folle. Le crime est parfois moins horrible que le criminel. Il y a des laideurs morales qui constituent une offense de tous les instants et, à la fin, on s'exaspère. Je ne sais à quelle extrémité j'aurais pu me porter, si cette vie avait duré.

J'ai toujours considéré comme un secours du ciel la force qui me permit de rompre, au bout de vingt ans de « plaisirs » forcés, en brisant ma cage princière. Même si j'avais pu prévoir à quels excès la haine et la fureur allaient se porter, j'aurais cassé les vitres. Un palais peut devenir un enfer, et le pire est celui où l'on étouffe derrière des fenêtres dorées.

Les titres n'y font rien. Un mauvais ménage est un mauvais ménage. Deux êtres sont unis; la même chaîne les tient sans cesse assemblés. Certains arrivent à s'en arranger. D'autres ne peuvent. Question d'humeur et de situation. Ni le Prince ni moi, nous ne pouvions nous accommoder des différences qui nous séparaient. Ce conflit permanent, qu'il fût latent ou déclaré, creusait tous les jours entre nous l'abîme où tant de choses devaient disparaître.

Sur le fond de cette trame d'amertumes, mes jours ont brodé leurs heures. Toutes, cependant, ne furent pas désagréables. Les orages ont parfois un rayon de soleil. Je ne voyais pas que des monstres !

J'ai dit que je respectais la princesse Clémentine, et que j'étais attirée vers elle. Mais sa surdité, qui aggravait de tristesse sa naturelle dignité, son esprit d'un autre temps qui la portait à toujours être en cérémonie et en étiquette, rebutèrent souvent les élans de ma spontanéité. Toutefois, même quand nous sommes arrivés aux difficultés irréparables, le Prince et moi, et que ma belle-mère, par son grand âge, a subi l'influence exclusive de son fils, je n'ai pu m'empêcher de garder pour elle les sentiments que je devais à ses anciennes bontés et à sa supériorité.

On a vu qu'outre mon mari, elle avait divers enfants : deux fils et deux filles. Un de ces fils, Auguste de Saxe-Cobourg fut pour moi, comme Rodolphe de Habsbourg devait l'être, un beau-frère qui était un frère. Jusqu'à sa mort, survenue, si j'ai bonne mémoire, en 1908, à Paris, où, sous le nom de comte de Helpa, il vécut avec délices, goûté de la meilleure compagnie, il eut pour moi autant d'affection que j'en avais pour lui.

Les trois Cobourg, Philippe, Auguste, Ferdinand, ne se ressemblaient ni physiquement ni moralement. Auguste tenait des d'Orléans. En lui, le sang de France l'avait emporté sur le sang germanique.

En Ferdinand, qui devait être l'aventureux tzar de Bulgarie, je ne sais quel sang dominait. Passons vite. J'aurai l'occasion de le retrouver sur son trône à surprises, quand je parlerai de la cour de Sofia.

Des deux filles, Clotilde et Amélie, celle-ci vit toujours dans mon cœur. Douce victime de sa tendresse pour un mari excellent, elle mourut de le perdre. Unie à Maximilien de Bavière, cousin de Louis II, Amélie était un lys de France égaré en Allemagne. Elle eut la chance de rencontrer à cette cour patriarcale de Munich, dont la folie prussienne devait faire le malheur, un être digne d'elle. Ils s'aimèrent et vécurent heureux, cachant le plus possible leur bonheur. Maximilien mourut subitement au cours d'une promenade à cheval. Inconsolable, Amélie ne put lui survivre.

L'idée ne serait pas venue à son frère Philippe ou à son frère Ferdinand, ni surtout à sa sœur Clotilde, qu'on pouvait mourir — ou vivre! — d'amour pour quelqu'un!

Notre double parenté avec la Maison de France me valut souvent, au palais Cobourg, ainsi qu'à la campagne, l'heureuse diversion de la visite de membres de la famille royale que ma jeunesse connaissait déjà plus ou moins. Mon printemps fut comblé des marques de leur affection.

J'ai vu naître les espérances de ma nièce Dorothée, fille de l'archiduchesse Clotilde, ma belle-sœur, fiancée au duc Philippe d'Orléans.

Je ne crus pas, je l'avoue, et, sans doute, était-ce l'effet de l'ambiance générale, sceptique à l'égard d'une France royaliste, que les lys d'or brodés sur la robe de la belle mariée s'envoleraient de sa traîne jusque sur l'Elysée, les Tuileries ou le Louvre. Je ne vis pas, cependant, sans émotion, la couronne fermée dont la future reine était coiffée, le jour de son mariage.

Ah! cette couronne, qu'elle tourne de têtes ou, plutôt, qu'elle en tournait! Car, à présent, il faut réfléchir...

Quoique étrangère à la politique de la France, et, d'ailleurs, astreinte à autant de reconnaissance que de considération pour le gouvernement de la République près duquel j'ai trouvé, avec la sécurité des justes lois, le respect dû au malheur, et la courtoisie que des républicains savent témoigner, même aux Princesses, je n'ai pu m'empêcher de suivre curieusement la carrière de « Roi expectant » de mon neveu le prince d'Orléans.

Tout arrive sur les bords de la Seine; et ceux de la Garonne ou du Rhône et des autres cours d'eau du plus beau royaume sous le ciel ne sauraient être en reste; mais, pour le mal que je veux à Philippe d'Orléans, je lui souhaite de n'avoir jamais à changer la casquette de yachtman qui lui va si bien contre la couronne de Saint-Louis. Il est « handicapé ». Plus que jamais, aujourd'hui, le meilleur d'un roi, c'est une reine. Or, le sort a voulu que ce beau mariage de Philippe d'Orléans et de Marie-Dorothée de Habsbourg, qui fut une des joies du palais Cobourg, et l'occasion d'une de ses plus belles réceptions, ait tourné à l'encontre de ce qu'il promettait.

A un certain moment, j'ai fait le compte des ménages royaux ou princiers où soufflait le vent de la mésentente. Je suis arrivée à un chiffre effrayant.

A tout prendre, et en quelque monde que ce soit, la moyenne des gens parfaitement unis, n'est pas élevée. Mais plus on se rapproche du peuple, plus le bon sens, le travail, la famille l'emportent, et plus sagement on se tolère, on s'accorde, on se soutient, et l'on finit par connaître une espèce de bonheur qui n'est, peut-être, que l'habitude de nos communes imperfections.

Ma vie princière m'aurait été encore plus pénible si, de temps en temps, elle n'avait été coupée de déplacements et de voyages au loin.

Pour ne pas sortir du cercle familial, je dirai seulement quelques mots de trois villes où j'ai eu des parents, et séjourné chez eux ou près d'eux en princesse de Cobourg : Cannes, Bologne et Budapesth.

D'abord, Budapesth qui était et qui reste une cité des plus attirantes, quand le bolchevisme n'y fait pas la loi. Dans le vieux Bude, l'ancien Orient a laissé sa trace; dans Pesth, les temps nouveaux de l'Occident se sont annoncés. J'en ai su quelque chose en 1918!

J'ai aimé Budapesth, et j'ai préféré le petit palais Cobourg de la capitale de la Hongrie et ses aimables réceptions à celui et celles de la capitale de l'Autriche. L'atmosphère était autre qu'à Vienne, et le voisinage du bon Archiduc Joseph, frère de ma mère, si cordial, m'était cher.

Son palais était à Bude, et son château à quelques heures de la ville. Ils n'avaient d'autre inconvénient que d'être aussi l'habitation de ma tante et belle-sœur, la princesse Clotilde, très différente de l'affectueuse et sincère Amélie.

L'Archiduc était un homme bienveillant, et qui ne jugeait pas mes fantaisies extravagantes.

La première année de mon mariage, nous devions célébrer chez lui, à Alcsuth, mon mari et moi, mon anniversaire de naissance, le 18 février. Il y avait, au dehors, une neige merveilleuse. J'avais dit, la veille :

— Je ne veux pas de cadeaux, mais, demain, laissez-moi faire une promenade en traîneau. J'ai une envie folle de conduire un traîneau. Ce sera la première fois.

L'archiduchesse Clotilde, expansive en son privé, excellait dans cet alibi des femmes qu'on appelle le collet-monté. Elle fit une moue sévère.

J'eus beau prier, insister. Le Prince, approuvant sa sœur, défendit ma promenade.

On me mit au pain sec dans le cabinet noir :

je veux dire qu'il fut décrété que je ne sortirais ni à pied, ni à cheval, ni en traîneau.

Arrive l'Archiduc, qui était absent. J'étais encore furieuse... Oh! certainement, je ne prenais pas les choses par le bon côté. J'ai toujours eu un caractère que la sottise et la méchanceté mettent sens dessus dessous.

L'Archiduc m'interroge. Je lui raconte l'histoire.

— Louise, s'écrie-t-il, tu as cent fois raison. D'abord, à ton âge, et quand on est jolie, on a toujours raison. Nous allons faire tout de suite une promenade sur la neige.

Il sonne et on attelle à un grand traîneau deux trotteurs hongrois dignes du char d'Apollon, puis l'Archiduc m'installe, dans mes fourrures. Il prend les rênes et nous filons à grande allure, accompagnés d'un domestique de confiance. J'étais aux anges.

Ma puritaine et mon puritain n'osèrent souffler mot.

La société, à Budapesth, moins soumise au cérémonial de cour que celle de Vienne, avait plus de naturel et de hardiesse. J'ai souvenance d'un certain bal, dans l'île Marguerite, perle de l'écrin du Danube, où le Prince ne décoléra point, ne voulant pas que je valse.

J'étais assaillie d'invitations. Mon mari répondait pour moi qu'à la cour de Bruxelles, je n'avais appris que les figures du quadrille et le menuet.

Le quadrille! Le menuet! Il s'agissait bien de cela. La Hongrie entendait valser. Et une valse, au bord du Danube, au son des violons des Tziganes, c'est une valse, ou il n'en est pas au monde. Et puis, et puis on aura beau importer d'Amérique des bamboulas mornes ou épileptiques, et les baptiser de tous les noms des animaux trotteurs ou galopeurs de l'arche de Noé, la valse sera toujours la reine incomparable des danses des gens qui savent danser.

Un de ceux-ci, plus hardis que les autres, ne se paya pas de la défaite du Prince et répondit :

— Son Altesse sait assurément valser.

Et, sur ces mots, je fus entraînée d'autorité par cet audacieux, qui était Magyar, et lancée dans le tourbillon.

Je confesse que je ne m'arrêtai plus de la nuit. Le Prince était furieux. Mais on l'accablait de compliments sur ma beauté, sur mon succès; il était obligé de sourire.

Je m'attendais à une scène, au départ. Heureusement, nous fûmes priés d'embarquer sur un bateau féeriquement illuminé, qui nous porta sur le beau fleuve, jusqu'au débarcadère le plus rapproché de notre palais, au son des musiques tour à tour ardentes et langoureuses que l'on n'entend que dans ce pays-là.

Etait-ce l'effet de la lyre d'Orphée? Je ne fus pas mise à mort au soleil levant, comme la pauvre Schéhérazade.

Que ne dansait-elle, au lieu de raconter des histoires?

A Bologne et à Cannes, j'ai vu défiler une société aujourd'hui disparue. Ici, chez la duchesse de Chartres, là chez le duc de Montpensier, au palais Caprara. En Italie, c'était certaines des plus nobles figures italiennes encadrées des premiers noms de France; sur la Côte d'Azur, c'était un monde plus vivant, plus papillonnant, où resplendissaient quelques-unes des beautés parisiennes.

Où irais-je, si je me laissais aller à évoquer les ombres de tant d'êtres que j'ai vus passer, occupant le siècle. Déjà le silence s'est fait, l'oubli a commencé. O vanité des choses...

Au moins, dirai-je combien Cannes, à cette époque, me ravissait par le goût raffiné des élégances françaises. La guerre a transformé cette ville, jadis recherchée des élites. J'ai lu qu'envahie et bruyante, elle a perdu le cachet discret qui était son caractère et son charme. C'est dommage!

Il y a tout à dire et il n'y a rien à dire de la vie des gens du monde qui ne sont que des gens du monde. Vraiment oui, je remplirais une bibliothèque si je reprenais par le menu les fastes mondains de mon passé. Mais de quel intérêt, au fond, cela serait-il? Je répondrais à ce genre de curiosités que satisfont ces chroniques où la société qui a besoin de polir quotidiennement son éclat pour briller, jette aux échos des journaux les noms des gens qu'elle reçoit et le détail des fêtes qu'elle offre. Curiosités banales et qui sont, malheureusement, le fond même de la nature humaine, de ses envies et de son amour-propre.

On trouvera mieux, sans doute, que je termine ce rapide crayon de ma vie de princesse de Cobourg, antérieurement aux événements qui préparèrent sa fin, par quelques traits sur mes enfants. Je le dois à cette sorte de confession d'une existence qui a tant souffert des mensonges des hommes.

J'ai été, je crois, une bonne mère. J'ai voulu, j'ai cru l'être. J'ai le sentiment, du moins, de l'avoir été longtemps. J'ai prodigué à mes enfants mes soins et mes tendresses.

Ceci est naturel aux femmes que la maternité

fait vraiment femmes, et c'est leur gloire et leur honneur. Qu'elles me laissent dire, cependant, que s'il est parfois plus malaisé qu'on ne pense d'être le père de son enfant, il est des situations où en être la mère est d'une difficulté constante.

Heureuses celles qu'une vie paisible et normale laisse à loisir auprès d'un berceau.

J'ai tout de même connu ce bonheur avec mon premier-né Léopold, qui vit le jour en 1878, à notre château de Saint-Antoine, en Hongrie.

La Reine était là, très heureuse d'être grand'-mère. L'arrivée de cet enfant, un garçon, héritier des titres, fonctions et apanages de la famille, apaisait les querelles entre le Prince et moi. Ce fut une accalmie de quelque durée. L'influence de la Reine avait opéré sur mon mari. Moi-même, pénétrée de mes devoirs maternels, j'avais pris d'admirables résolutions de patience et de sagesse.

Je faisais des rêves magnifiques, devant le berceau de mon fils... O cruauté du sort contre laquelle je serais impuissante : au fur et à mesure qu'il grandirait, et que le milieu agirait sur lui, il serait de moins en moins mon enfant. Je l'aurais voulu courageux et loyal. Ne devait-il pas porter l'épée? Quelle âme je souhaitais de lui forger!

Mais son père revendiqua le droit de le diriger. Bien vite, il ne m'appartint plus.

Léopold approchait de l'âge de raison lorsque je m'évadai d'une existence devenue atroce. Il crut qu'en refusant de continuer d'être princesse de Cobourg, j'emportais des centaines de millions qui devaient, un jour, lui revenir de son grand-père, et que j'allais les jeter au vent de mes folies.

Je connus cette haine que la nature se refuse à concevoir : une haine de fils. J'ai versé sur elle les larmes que versent les mères frappées dans leur chair par la chair de leur chair. Cependant, Dieu le sait : chaque fois que mes enfants, affolés de cet argent qui est au fond des plus bas crimes, m'ont fait souffrir, je leur ai pardonné.

Lorsque Léopold est mort d'une manière affreuse que je ne peux que mentionner, il n'était plus, pour mon cœur, de ce monde, depuis longtemps. Ce n'est pas moi qui ai été atteinte par le châtiment terrible qui a clos, dans le sang, la lignée de l'aîné des Saxe-Cobourg. C'est celui qui avait formé à son image un fils égaré.

Il a survécu, je pense, pour avoir le temps de se repentir.

Lorsque ma fille Dora fut près de naître, en 1881, j'avais une telle appréhension de la présence de son père, que je fis tout ce que je pouvais pour cacher l'heure imminente de la délivrance. Je voulais que le Prince ne fût pas près de moi à ce moment pénible, et qu'il sortît, sans me croire dans les douleurs. Il en fut ainsi. Cela se passait dans notre palais de Vienne. Je parvins à surprendre mon monde. J'évitai, dans la souffrance, une présence qui n'aurait pu que l'accroître. La sage-femme, de garde près de moi, ne put même pas envoyer chercher à temps le professeur accoucheur. Il arriva après la bataille.

Dora fut mon second et dernier enfant. Elle promettait d'être jolie. Devenue jeune fille, encore plus grande que moi, très blonde et myope, elle a eu le malheur d'épouser le duc Gunther de Schleswig-Holstein, frère de l'impératrice Augusta, femme de Guillaume II.

Le malheur... C'est là, dira-t-on, un mot de belle-mère.

On verra par la suite que c'est une vérité conforme à des faits qui touchent à l'histoire contemporaine, rien de plus.

De son mariage, ma fille n'a pas eu d'enfants. Ils auraient appris que leur grand'mère est la plus coupable des femmes, à moins que ce ne soit la plus folle, parce qu'elle a dit, bien des fois, à son gendre, comme au prince de Cobourg, comme à certains dignitaires de Vienne et d'ailleurs, complices ou agents des persécutions dont elle était accablée :

— Vous n'avez qu'un but : prendre, en me prenant ma liberté, ce que je peux avoir encore. Mais il y a une justice, et vous serez punis !

Ils l'ont été.

Ah ! si, au lieu de me martyriser ou de me laisser martyriser, certains des miens étaient venus, avaient osé ou pu venir à moi, directement, et en confiance... Je suis femme, je suis mère. Je ne soutiens pas que je n'ai aucun tort. Je soutiens seulement ceci, qui est vrai : on m'a toujours menti. On m'a toujours parlé d'honneur, de vertu, de famille, et j'entendais crier plus haut que tout cela : « Argent ! Argent ! Argent ! »

VIII

LES HOTES DE LA HOFBURG :
L'EMPEREUR FRANÇOIS-JOSEPH,
L'IMPÉRATRICE ÉLISABETH

Depuis que la défaite a jeté bas, en un jour, les
trônes qui étaient comme l'assise d'un monde germanique arriéré, j'ai l'occasion, parfois, de passer
du *Ring* vers le *Graben*, par la Hofburg, ancien
palais impérial de cette ville de Vienne où j'écris
ceci. J'aperçois, de la *Fransenplatz* (la grande cour
intérieure), les fenêtres des salles qui, jadis, me
virent accueillir par la garde et les chambellans
avec les honneurs de mon rang. Elles sont closes,
vides, muettes. Ici, tout est mort. La vieille Hofburg a cessé d'être. La nouvelle, espérance énorme
des somptuosités évanouies dans le néant, demeure

inachevée. Elle n'atteste plus que la chute d'un empire.

Seule des princesses et archiduchesses qui furent de la cour disparue, je suis restée à Vienne, aimée, je crois, du peuple, respectée des gouvernants.

Il y a une ville au monde où l'on m'a vue vivre longuement. Elle a été le théâtre de mes « crimes ». Cette ville, lorsqu'elle a chassé tout ce qui prétendait représenter l'honneur et les honneurs, les vérités et les vertus, m'a conservé mon droit de cité, et, supprimant les titres, m'a laissé le mien. Je reste debout devant les ruines du pouvoir qui fut, pour moi, cruel.

J'ai connu la justice de la Cour et de l'empereur François-Joseph. J'ai appris qu'une Princesse n'a pas droit aux lois faites pour tout le monde. Il existe des dispositions secrètes qu'on lui applique sans que les juges aient à s'en mêler, ou, s'ils s'en mêlent, ils ont des ordres! On colore cela de prétextes. Dans mon cas, c'était la folie.

Impossible, aujourd'hui, de taxer de démence une révolte de la conscience. Impossible, si une victime crie au secours! de l'accuser de scandale. On ne vous jette plus, de force, pantelante, dans une maison de fous dont le directeur dit en vain que vous n'êtes pas malade ; et il faut qu'il vous garde. Il a des ordres !

On appelait cela *une affaire de cour !*

Je pense qu'il n'a pas fallu beaucoup d'attentats de ce genre pour motiver l'arrêt de la justice qu'aucune hypocrisie de mots et de gestes, et aucun appareil de la puissance humaine ne peuvent tromper. Elle prononça la fin des Habsbourg.

Mais pourquoi faut-il que les coupables d'une politique immorale et lâche ne soient pas seuls à expier leurs fautes ? Tout un peuple expie, à présent, la décadence et la chute de la cour de Vienne. Pauvre peuple, si bon, si dupé, si résigné, si travailleur, si à plaindre !

****

Quand je suis arrivée à la cour d'Autriche, en 1875, François-Joseph avait quarante-cinq ans.

Il était remarquable, à distance, par sa tenue en uniforme. De près, il donnait l'impression d'une certaine bonhomie que démentait la dureté du regard. C'était un homme étroit, plein d'idées fausses et préconçues, mais qui avait reçu de sa formation et des traditions de la politique autrichienne quelques formules et manières qui lui permirent de surnager longtemps, avant d'être englouti dans le sang qu'il fit couler. Sous le décor du rang et des cérémonies, sous le vocabulaire des réceptions, audiences et discours, il y avait un être dépourvu de sensibilité. La nature, en le mettant au monde, l'avait privé de cœur. Il était empereur; il n'était pas homme. On eût dit un fonctionnaire automate, habillé en soldat.

Dans le premier moment, il me fit grand effet, quand mon mari lui présenta la nouvelle princesse de Cobourg. Je m'attendais à des phrases aimables et distinguées auxquelles j'aurais bien du mal à répondre convenablement. Ce fut si banal que je ne savais plus, en sortant, ce qu'il m'avait dit. Il devait en être à peu près toujours ainsi, sauf dans une circonstance mémorable que je raconterai plus loin.

Jamais ne n'ai connu quelqu'un retenant de François-Joseph un mot qui valût la peine d'être rapporté. Sa conversation, dans le cercle impérial, était d'une froideur et d'une pauvreté déconcertantes. Il ne s'animait que pour les « potins ». Mais cela, c'était, surtout, du domaine de l'appartement de Mme S..., son refuge, son plaisir, son vrai « chez soi », où il était « Franz », ou « Joseph » en liberté.

J'ai vu les débuts de Mme S... au *Burgtheater*.

Son influence, si jamais elle en a eu d'autre que de permettre à l'Empereur de s'évader près d'elle des insuffisances, mères des fatalités de sa vie, n'a été nuisible à personne.

Actrice du théâtre qui est la Comédie-Française de Vienne, jolie et de genre honnête, une Brohan, l'esprit en moins, elle plut au Souverain. Il lui fit un sort paisible et assuré, puis, un beau soir, l'introduisit tranquillement à la Cour où l'Impératrice prit sans peine son parti de cette impériale hardiesse. Elle fut satisfaite de constater que François-Joseph, méthodique jusque dans ses passions, réduit jusque dans ses excès, choisissait une confidente de tout repos, qui ne prétendait qu'à tenir gentiment son emploi.

Il y a eu fort loin de Mme S. à Mme de Maintenon. Il y a eu encore plus loin de François-Joseph à Louis XIV.

Physiquement, l'Empereur, si n'avaient été l'uniforme et l'entourage, aurait pu être pris pour son premier maître d'hôtel. A bien l'observer, il n'avait rien que d'ordinaire.

On remarquait pourtant chez lui deux tics : à la moindre perplexité, il tapotait et caressait ses « côtelettes ». A table, il se regardait fréquemment dans la lame de son couteau. Pour le reste, il mangeait, il buvait, il dormait, il marchait, il chassait, il parlait suivant des rites accordés avec les circonstances, les heures, le temps, le calendrier, en conformité de règles bureaucratiques. Elle furent à peine troublées par quelques révolutions, diverses guerres et beaucoup d'infortunes. Il accueillit ces calamités du même front que la pluie lorsqu'il devait partir pour Ischl.

Quand son fils se tua, quand sa femme fut assassinée, il ne perdit pas un pouce de sa taille. Sa démarche resta aussi ferme, sa barbe aussi parfaitement disposée. Finies les cérémonies, il n'y eut rien de changé en Autriche. François-Joseph continua de parler sur le même ton de l'amour de ses peuples pour sa personne et de son amour pour eux.

Et, le soir, il fut chez Mme S.

Ce personnage sans relief, sans courage et sans équité, a fait le malheur de ma vie. A l'heure où il aurait dû remplir vis-à-vis de moi son devoir de souverain et de chef de maison, il ne l'a pas rempli — par peur.

Si, en deux circonstances, je l'ai vu différent à propos de ce qui pouvait me toucher, ces circonstances n'étaient pas décisives. On ne juge pas un homme sur le geste qu'il fait de vous soutenir quand vous descendez de voiture. On le juge si, dans un incendie, il ne recule pas devant les flammes pour vous sauver.

François-Joseph était incapable de se jeter au feu pour qui que ce fût. Il ne fallait attendre de lui aucune aide dans le danger. Il aurait craint d'abîmer son uniforme ou de déformer ses favoris.

Ah! j'ai compris sans peine le désespoir de son fils et de sa femme, emportés vers les sommets, et qui, devant ce néant, ne songeaient qu'à le fuir.

L'Empereur avait un frère, l'archiduc qui fut le point de départ des haines de cour dont j'ai été victime. Cet homme a connu les rigueurs d'un exil déshonorant et il est mort déshonoré. Dieu l'a puni. J'ai vu sa droite atteindre le coupable initiateur des persécutions qui ont provoqué, renforcé, exaspéré la principale de celles dont j'ai eu à souffrir.

Pendant des années, il m'avait entourée d'hommages. Tout Vienne le savait. L'Empereur, comme les autres, et mieux que les autres, car ces histoires étaient son pain quotidien. C'était pour lui une affaire d'Etat de savoir si l'archiduc Louis-Victor arriverait à ses fins.

Ce prince pouvait plaire. C'était une nature d'une certaine ardeur, que ses curiosités excessives devaient entraîner dans le scandale d'un châtiment public.

Je recevais patiemment ses compliments et ses fleurs. On sait les exigences du monde. Les assiduités d'un archiduc frère de l'Empereur se supportent en souriant. Le sourire aussi a été donné à la femme pour dissimuler sa pensée.

Malheureusement, Louis-Victor, jaloux des sentiments sérieux qu'un autre, qui n'était pas « Prince » m'inspirait, s'impatienta et, du jour au lendemain, objet de ses adulations, je devins celui de son aversion.

J'avoue que j'ai eu longtemps, pour l'ironie, un goût que je tenais du Roi. Il m'a valu bien des ennemis. L'archiduc fut-il offensé de quelque mot un peu dur ? Les blessures d'amour-propre sont celles qui s'enveniment le plus promptement. Toujours est-il que j'eus soudain, en lui, un adversaire déclaré. Il proclama qu'il me ferait quitter la Cour.

J'avais inspiré des jalousies. Qui n'en inspire ? Ces jalousies se groupèrent autour de mon ancien admirateur. La cabale traditionnelle commença. L'indépendante que j'étais fut mise en joue par quelques bonnes âmes qui ne songèrent plus qu'à la massacrer avec l'aide du Don Juan repoussé.

Celui-ci ne fut pas long à composer la scène à faire.

On commençait alors à parler de l'attention que

j'accordais au galant homme qui a été le seul que, de ma vie entière, j'ai distingué de toute la force de ma confiance et de toute l'étendue de mon estime. L'archiduc Louis-Victor alla raconter à son frère qu'il m'avait vue, de ses yeux vue, la nuit, dans un restaurant à la mode, en tête à tête avec un officier de uhlans.

Aussitôt, emportées par l'indignation d'un tel oubli de ce que je devais à mon rang, trois nobles Furies, que je ne veux pas nommer et qui avaient des droits singuliers à représenter la vertu sur la terre, firent connaître à Sa Majesté que, si j'étais priée au prochain bal de la Cour, elles me tourneraient le dos en plein cercle impérial.

Ma sœur, informée de ce hourvari, me prévint et me questionna. Je n'eus aucune peine à découvrir d'où venait le complot et à démontrer mon innocence à Stéphanie.

Le soir que l'archiduc Victor indiquait, je n'étais pas sortie du Palais Cobourg. J'ajoute, pour ce chapitre de petite histoire, que je n'ai jamais, jamais, jamais pris place à une table de restaurant en tête à tête avec qui que ce soit. Lorsqu'il m'est arrivé d'assister à quelque dîner ou souper, en un lieu public, dans un salon réservé ou dans une salle ouverte à tout le monde, j'ai toujours été accompagnée d'une ou plusieurs personnes de mon entourage.

Bien mieux, à l'heure qu'indiquait le calomniateur, j'étais avec le Prince mon mari et nous avions une de ces discussions, orage quotidien de notre existence. Le Prince était là pour s'en souvenir. Au surplus, le personnel pouvait attester que je n'avais pas donné l'ordre d'atteler et que je n'avais point quitté le palais. Enfin, rien de plus simple que de confondre l'archiduc et ses vertueuses amies.

Ma sœur fut convaincue et, sans vouloir se placer entre l'arbre et l'écorce, elle pensa que je ferais bien de parler à l'Empereur.

La cabale agissait vite. François-Joseph me devança en me faisant convoquer.

Je le vis dans l'appartement de Stéphanie. J'étais dans cet état de colère indignée que je n'ai jamais pu maîtriser, hélas! devant l'infamie.

Je remerciai d'abord le Souverain de son audience et lui dis, en me possédant difficilement, qu'il devait me défendre et prendre mon parti; que j'étais en butte aux attaques d'une misérable cabale et que c'était à lui d'y mettre fin en punissant les calomniateurs. Je lui demandais une enquête. Je l'attendais de sa justice.

On conçoit de reste mon discours.

Prévoyant mes paroles, il avait préparé sa réponse selon une formule d'un des chefs de bureau de la Chancellerie impériale, qui le dressèrent dans son jeune âge. Elle fut celle-ci :

— Madame, tout cela ne me regarde pas. Vous avez un mari. C'est son affaire. Je crois que, pour le moment, vous ferez bien de voyager et de ne pas paraître au prochain bal de la Cour.

— Mais, Sire, je suis une victime. Vous faites de moi une coupable.

— Madame, j'ai entendu mon frère, et quand Victor a parlé...

Il acheva d'un geste qui voulait être impérial et définitif.

Je n'étais pas femme, on le sait, à tenir bon contre tant d'iniquité. Je cachai mon mépris en prononçant :

— L'avenir dira, Sire, lequel de nous a menti, de l'Archiduc ou de moi.

Je fis ma révérence dans toutes les règles, et l'Empereur sortit.

Revenue au palais de Cobourg, j'entrai chez mon mari et lui déclarai que j'attendais de son honneur que, pour déchirer la trame abominable où j'étais prise, il envoyât ses témoins à l'archiduc Victor.

Le Prince de Cobourg me répondit froidement que, si j'avais perdu la faveur impériale, il n'avait pas envie, lui, de la perdre en se battant avec un Archiduc, frère du Souverain.

Après l'empereur chevaleresque, je tombais sur un autre Galaor!

Ma furieuse insistance ne put rien obtenir, ou plutôt elle obtint tout le contraire de ce qu'elle cherchait : le Prince ne voulut plus se rappeler que j'étais au Palais, le soir désigné par le calomniateur. Il déclara qu'il ne le contredirait aucunement!

Ce fut la goutte d'eau qui fait déborder le vase. Dès cette heure, ma résolution fut prise : je ne resterais plus avec le mari qui m'abandonnait. J'écouterais la voix qui m'avait dit : « Vous vous perdez, Madame, dans le monde où vous vivez. Il est lâche et pervers. »

Cependant, l'instinct de la famille fut plus fort que ma colère.

Je dis au Prince :

— Nous devons nous séparer et reprendre chacun notre liberté. Mais nous avons des enfants. Evitons un éclat. Voyageons une année. Si, au bout de cette année nous n'avons pas trouvé une nouvelle règle de vie commune, nous nous quitterons. Vous irez de votre côté, moi du mien. »

Je venais de prononcer les paroles qui, dans l'esprit d'un homme tel que le Prince de Cobourg, étaient les plus terribles qu'il pût appréhender. La perspective d'une séparatioin ou d'un divorce annonçait la possibilité du passage des millions du Roi en d'autres mains que celles du père de mes enfants. Et cela, jamais!... J'en saurais quelque chose. Je le sus, en effet.

Puisque je montre le fond du drame, je dois expliquer les raisons secondes de l'incroyable attitude de François-Joseph. Elles touchent à la politique, et je ne voudrais m'attarder sur aucune, la sienne moins qu'une autre. Cependant, j'écris pour essayer d'ajouter quelques traits à l'Histoire de ce temps aussi bien que pour me défendre.

François-Joseph refusa de me secourir et, du premier coup, m'abandonna, laissant mon mari libre d'agir à sa guise, parce qu'il avait à le ménager. Le Prince de Cobourg savait le secret de Mayerling et de la fin désespérée de Rodolphe. En outre, le Prince avait un frère, Ferdinand, placé à l'avant-garde du *Nach Osten*, en Bulgarie. Les Cobourg étaient une puissance. François-Joseph pliait devant elle. De deux maux, il choisissait le moindre, du point de vue de ses calculs, et c'est moi qu'il sacrifiait.

Je ne l'ai vu, je l'ai dit, en meilleure attitude que deux fois, dans tout cela. Le jour où je lui demandai le changement d'un gentilhomme de la Cour, attaché à ma personne et à celle de mon mari, et qui faisait cause commune avec l'Archiduc Victor, il me l'accorda sur-le-champ.

Plus tard, lorsque je suis entrée dans la voie d'une vie nouvelle, en vivant enfin d'un idéal supérieur, au mépris des plus sinistres épreuves et des plus affreuses calomnies, il est advenu que le Prince de Cobourg s'est vu en face d'un homme d'honneur prêt à lui rendre raison. Mon mari avait l'air de le dédaigner. L'Empereur s'est rappelé que l'uniforme de soldat était autre chose qu'un vêtement de parade. Il prescrivit au Prince de Cobourg de se battre. Il se battit.

Ce fut, je crois, la seule victoire militaire remportée par François-Joseph sur quelqu'un, et, pour le Prince, général autrichien, le seul combat où il ait jamais donné de sa personne.

J'ai songé souvent que la Providence fit une grande grâce à l'Impératrice en ne la laissant pas vieillir, rivée au boulet qui entraînait l'Empire dans les profondeurs de la bêtise et de la férocité humaines.

Diraï-je que ma pensée va vers elle comme une prière? Ce fut aussi une martyre. Elle vient immédiatement après la Reine dans mes méditations quotidiennes.

La différence d'âge et de rang me tint, à mon vif regret, plus loin d'elle que je ne l'aurais voulu. Au moment où j'aurais pu l'approcher mieux, je me débattais dans ma vie princière, prise entre mes aspirations vers un idéal de salut et les vanités du monde. Si elle était l'Impératrice sereine, je paraissais une princesse tourmentée. J'avais cependant quelque chose de commun avec elle : l'amour de la nature et de la liberté et le goût de Henri Heine.

Sans avoir fait de cet écrivain ce que j'ai fait de Gœthe, la pensée par laquelle j'essaie de vivifier la mienne, j'ai eu de bonne heure, puis de plus en plus, en vieillissant, la connaissance et l'admiration du poète, philosophe fantaisiste et inspiré, Musset de Prusse et de Judée qui est, par excellence, l'homme d'esprit européen. Précurseur étonnant, Heine avait pris de la France et lui avait apporté un ensemble de dons desquels le mélange promet une race d'hommes affranchis des frontières, et mûs par un même goût de l'éternelle beauté. Annonce de rapprochements que l'avenir verra peut-être.

Qu'il fût Juif, c'est possible. Les Apôtres aussi! Et je comprends le culte de l'Impératrice allant le voir à Hambourg, restant après sa mort en relations avec sa sœur et lui érigeant un monument à Corfou.

Rodolphe disait de sa mère : « C'est un philosophe sur le trône. » C'était vraiment un grand esprit.

Le jour où j'eus l'honneur d'être reçue en particulier, pour la première fois, par l'Impératrice, fut pour moi un jour sensationnel. Je savais qu'elle ne portait que du blanc, du noir, du gris et du violet. J'ai toujours composé mes toilettes sans le secours du couturier et, si j'en crois les flatteries de la rue de la Paix, j'ai su m'habiller, après quelques années de tâtonnements. J'avoue qu'alors, si hardie que je fusse devenue en pareille matière, je pris mon temps pour me décider. Enfin, j'optai en faveur d'une robe d'un violet de violette, garnie de grèbe, avec un petit chapeau-toque, comme on en portait alors, tout en velours, heureusement arrangé.

Je dirai sans fard qu'il me revint que ma toilette avait été remarquée favorablement.

L'Impératrice fut toute de charme. Elle me parla de la Reine comme d'une amie présente à son affection, en termes simples et choisis à la fois. C'était sa façon de parler sur toutes choses. Rien que de bon, de supérieur et de naturel en même temps ne tombait de ses lèvres qui s'entr'ouvraient à peine pour laisser passer des mots nettement prononcés, mais bas, et purs cependant. C'était une voix d'âme : un cristal étouffé, mais un cristal.

Jamais je n'ai revu un sourire pareil au sien. Il mettait le ciel sur son visage. Il enchantait et il troublait, tant il était à la fois doux et profond.

Elle était belle d'une beauté de l'Au-delà, avec quelque chose d'immatériel dans la pureté des traits et des lignes du corps. Personne ne marchait comme elle. On n'apercevait pas le mouvement des jambes. Elle s'avançait en glissant; elle semblait planer à ras de terre. J'ai lu souvent de quelque femme célèbre et adorée qu'elle était « d'une grâce inimitable ». L'Impératrice Elisabeth avait vraiment cette inimitable grâce, et ses grands yeux bruns, tellement ils apaisaient et parlaient un noble langage, semblaient exprimer les vertus théologales : la Foi, l'Espérance et la Charité.

La Bavière qui l'avait vue naître, a gardé intacts, au cours des âges, des éléments de la race celtique établis jusqu'au Danube. L'Allemagne du Sud a de ce vieux sang européen en abondance.

L'Impératrice avait les caractéristiques de la beauté celte la plus raffinée. Elle n'était pas germanique, du moins comme au delà du centre de l'Empire, en tirant vers le Nord. Elle exprimait à la perfection, moralement et physiquement, tout ce qui sépare et continuera de séparer Munich et Vienne de Berlin.

*
* *

Les souvenirs se pressent en foule, quand je reviens par la pensée à la Hofburg. Il faut choisir.

Je songe à l'archiduc Jean, qui devint Jean Orth, du nom d'un des châteaux de Marie-Thérèse sur le Danube, séjour préféré de cet esprit étrange.

Comme Rodolphe, avec lequel il s'entendait fort bien en certaines choses, il étouffait à la cour. Il m'a dit de lui — et de moi — une fois :

— Nous ne sommes pas faits — et toi non plus, d'ailleurs — pour vivre ici.

Il m'intéressait, mais je n'aimais pas son esprit sarcastique. Il n'avait pas la hauteur de pensées et de vues de Rodolphe. Lorsqu'il disparut, je tins pour sa survivance quelque part, en secret, et la possibilité d'une réapparition. J'ai lu, cette année, dans les journaux, qu'un personnage énigmatique, qui pouvait être l'archiduc Jean, était mort à Rome où, depuis vingt ans, il vivait caché. Rome, en effet, attire les âmes solitaires et désabusées du monde. Si cet inconnu fut Jean Orth, il put, à loisir, y méditer sur la grandeur et la décadence des empires.

Je laisserai cette ombre à son mystère, et parlerai de deux autres disparus plus rapprochés de nous et des problèmes actuels.

Ce disant, je revois le bal où François-Ferdinand d'Este montra, par son empressement pour la Comtesse Chotek, ce qui devait arriver : il l'aimait et elle l'aimait. Ils s'épousèrent. Ce fut un événement considérable.

La Comtesse était d'une habile intelligence, et ne déplaisait pas à l'Empereur. Elle sut ne pas effrayer cet esprit borné. Son rôle dans les principaux événements politiques de l'Europe Centrale, du jour où la mort de Rodolphe lui permit de rêver un trône, fût-ce simplement celui de Hongrie, ne laissa pas que d'être plus important qu'on ne l'imagine ordinairement.

Il m'est revenu plus d'une fois que si la France avait su et pu avoir une politique autrichienne, elle aurait trouvé, dans la Comtesse Chotek, élevée au rang de Duchesse de Hohenberg, des idées différentes de celles de Berlin.

Malheureusement, la France commit la faute, — et qu'elle m'excuse d'oser le dire en passant — de séparer la politique de la religion, et d'oublier que la religion est la première des politiques. Elle se lia elle-même les mains, se mit un bandeau sur les yeux, et voulut ainsi avancer en Europe. Il y avait bien peu de chances pour elle d'arriver au Danube, qui est la plus importante des routes européennes.

J'ai su combien le Roi, à Bruxelles, déplorait l'aveuglement de la France, et ce qu'il dit, à ce sujet, à plus d'un Français distingué. Le Roi professait que l'inconvénient des gouvernements démocratiques est qu'ils ont à faire de nombreuses écoles avant de posséder le petit nombre de principes qui, au fond, sont tout le secret du gouvernement des hommes et des peuples. Le principe religieux n'est pas le dernier.

Dans un pays où les hommes d'Etat, jadis abondants, avaient fini par disparaître dans une sottise corruptrice, tueuse de caractères et de convictions, la comtesse Chotek, femme de solides croyances, avait une tête politique.

Elle fit Ferdinand d'Este ce qu'il était devenu :

capable d'énergie. Son défaut — et celui de son mari — fut, par crainte de révéler de la faiblesse, de ne pas savoir montrer de la bonté. L'Archiduc héritier et sa femme étaient d'un strict, dans la défense de leurs biens, sur leurs terres et dans leurs palais, qui les fit taxer d'âpreté.

Il faut peu de chose pour que l'inimitié latente contre les héritiers de la couronne, dans un Etat naturellement divisé, puisse promptement s'aggraver. Des rivalités, des jalousies, des inquiétudes se chargent d'y ajouter. Certaines minuties et rigueurs de François-Ferdinand et de la duchesse de Hohenberg furent perfidement exploitées contre eux. Le jour de leur mort étant décidé, le terrain se trouva préparé, les instruments assurés.

Mais, ici, j'effleure des choses d'hier et terribles, dont le recul n'est pas suffisant pour qu'il soit permis d'en parler.

L'Archiduc héritier et sa femme avaient contre eux une puissante camarilla. Ils ne manquaient pas de partisans, et pouvaient opposer cabale à cabale, mais leurs adversaires, presque tous masqués, servaient des desseins extérieurs à la monarchie.

Ce n'est pas le lieu et l'heure d'aborder la bataille d'influences dont Vienne était le champ alors. Ce sera l'œuvre, plus tard, de quelque pénétrant et impartial génie qui sera, peut-être, en situation d'éclairer les dessous de la cour d'Autriche, dans les dix ou quinze années d'avant 1914. Il fera connaître un des plus formidables combats d'intérêts et d'amours-propres que l'Histoire ait jamais enregistrés.

A la cour de Vienne, il n'y avait pas qu'une camarilla, c'est-à-dire un groupe plus ou moins étendu d'ambitions associées autour du souverain, gardant les avenues, et manœuvrant le prince au mieux de leurs haines et avidités. Au fur et à mesure que le vieil empereur était de plus en plus un figurant, les anciens favoris se voyaient combattus par de nouveaux, près de la puissance naissante. Cette puissance, pour les petites raisons que l'on sait, pour d'autres, plus grandes, qui tenaient au mariage morganatique de François-Ferdinand, au catholicisme ardent de la duchesse de Hohenberg, à son caractère et à ses rêves pour ses enfants, avait des ennemis à l'intérieur et à l'extérieur.

Il en résultait une troisième camarilla, la plus secrète et la plus redoutable, car, dans une cour où les individus se combattaient par clans, elle combattait indistinctement tout le monde; elle ne trahissait pas tel ou tel, mais bien la patrie entière.

IX

MA SŒUR STÉPHANIE ÉPOUSE L'ARCHIDUC
RODOLPHE. IL MEURT A MAYERLING.

En 1880, ma sœur cadette coulait des jours heureux à Bruxelles. Ses dix-huit ans étaient d'une beauté rayonnante. Sans savoir encore quel personnage elle épouserait, elle était portée à penser qu'elle s'établirait mieux que sa sœur aînée.

Le Roi n'avait jamais été enthousiaste du prince de Cobourg. Il ambitionnait davantage pour moi. Mais la Reine avait souhaité ce mariage. J'ai résumé ses raisons.

Pour se revancher, le Roi entendait que Stéphanie eût un trône. Il avait pensé à Rodolphe de Habsbourg, et la Reine autant que lui. Projet hardi. Pour honorable que fût la Maison Royale de Belgique, elle était loin de la grandeur de celle d'Autriche.

Je ne fus pas étrangère, comme je l'expliquerai tout à l'heure, à un mariage qui s'annonça sous les plus éblouissants auspices et aboutit, en peu d'années, à une épouvantable catastrophe.

C'est bien plus cette chute qui intéresse l'Histoire que le détail de l'union de Rodolphe de Habsbourg et de Stéphanie de Belgique. J'irai donc droit au but, en montrant Rodolphe à la veille de sa mort.

Rodolphe avait trente ans. Il eût pu s'appeler le Bien-Aimé. La plus belle cour était à ses pieds ; la plus belle ville du monde après Paris était comme une demeure où tout lui aurait appartenu. Les peuples de la monarchie ne formaient pour lui qu'un peuple qui plaçait ses espérances en son avenir. Il avait une épouse que chacun proclamait enviable ; une fille qu'il comblait de caresses ; une mère très noble et très bonne, pour laquelle il professait un culte ; un père, enfin, dont le trône imposant devait lui revenir ; et Rodolphe, malheureux, voulait mourir.

Finissons-en une bonne fois avec les légendes, si tant est qu'il soit possible d'en finir, ici-bas, avec le mensonge :

Rodolphe de Habsbourg s'est tué.

— La preuve manque, a-t-on dit.

On se trompe. Elle existe. Je l'indiquerai tout à l'heure.

L'histoire de la liaison qui le mena au tombeau a été souvent contée. Je me bornerai à quelques traits inédits ou peu connus.

Il y eut, dans l'amour de l'Archiduc héritier pour Mary Vescera, une sombre fatalité ou une sinistre influence...

Peu de temps avant que je me décide à rédiger ces pages, un jour, après avoir rangé des papiers qui, justement, me ramenaient à l'époque où j'étais la confidente et l'amie de Rodolphe, je suis sortie dans Vienne.

Au détour d'une rue encombrée, j'ai aperçu, de ma voiture qui allait lentement, une vieille femme, dans un costume sombre et d'une poignante révélation. Comme écrasée par des calamités multiples, courbée vers le sol sous le poids d'un accablant fardeau, elle s'avançait obliquement, rasant les murs, avec quelque chose de morne et d'épouvanté dans un visage ravagé de sillons tragiques.

En cette apparition funeste, j'ai cru reconnaître la mère de la Vescera.

Qu'était-elle devenue, la femme parée que j'en-

trevis, accompagnant sa fille, alors dans l'épanouis-
sement de son affolant prestige?

Je n'ai qu'à fermer les yeux pour revoir aussi
cette Mary Vescera, superbe, à une soirée chez le
Prince de Reuss, ambassadeur d'Allemagne, dernière et sensationnelle apparition, dans la société
viennoise, de celle qui allait être l'héroïne de la
« sanglante énigme » de Mayerling.

Bien simple énigme, du reste. Encore fallait-il
être placé pour voir et pour savoir. Et cela sera
toujours difficile aux journalistes, improvisateurs
des versions tendancieuses de « l'Actualité »,
cette ennemie de l'Histoire. Chacun d'eux continuera d'y remédier de sa place, par des imaginations ou des aperçus qui varient selon le point de
vue. Si, après cela, la vérité est longue à venir, ce
n'est pas extraordinaire. L'étonnant de la Presse
n'est pas qu'elle abonde en fausses nouvelles, c'est
que, parfois, elle en donne de vraies.

Je venais d'arriver à l'Ambassade. Le prince de
Reuss me quitta pour aller au-devant de ma sœur
et de son mari, qui faisaient une entrée de souverains.

Rodolphe m'aperçut, et, laissant Stéphanie, vint
à moi directement.

— Elle est là-bas, me dit-il sans préambule. Ah! si quelqu'un pouvait m'en délivrer!

Elle, c'était sa maîtresse au masque ardent. J'eus un regard vers la séductrice. Deux yeux brûlants nous fixaient. Un mot suffit à la dépeindre : une sultane impérieuse, et qui ne craint aucune favorite, tellement sa beauté pleine et triomphante, son œil noir et profond, son profil de camée, sa gorge de déesse, toute sa grâce sensuelle, sont sûrs de leur pouvoir.

Elle avait pris totalement Rodolphe et voulait qu'il l'épousât! Leur liaison durait depuis trois ans.

La famille d'où sortait Mary Vescera était d'origine grecque, famille bourgeoise avec quelques attaches de noblesse. Nombreuse et peu fortunée, elle bâtissait tout un avenir sur la faveur du prince héritier. Seule ne s'en souciait pas, peut-être, une sœur de l'idole, qui n'avait point la beauté physique en partage. Son mérite était d'un ordre moins périssable. Quand le drame de Mayerling emporta Rodolphe et son amante, la sœur de la morte disparut dans un couvent.

A la soirée du prince de Reuss, je fus frappée de l'énervement de mon beau-frère. C'était au début de la seconde quinzaine de janvier 1889. Je crus bon d'essayer de le calmer en lui disant, de la

Vescera, un mot qui ne devait pas lui déplaire, et j'observai simplement :

— Elle est bien belle !

Puis je regardai ma sœur, autrement belle et royalement parée, qui faisait son cercle... Mon cœur se serra. Tous trois étaient malheureux !

Rodolphe s'était éloigné sans me répondre. Un moment après, il revint et murmura :

— Je ne peux plus m'en détacher !

— Pars, dis-je alors, va en Egypte, aux Indes, en Australie. Voyage. Si tu es malade d'amour, tu te guériras.

Il eut comme un imperceptible haussement d'épaules et ne me parla plus de la soirée. Triste soirée ! Une atmosphère de malaise pesait sur la brillante assistance. Je fus, pour ma part, si impressionnée, que, rentrée chez moi, je ne pus, de la nuit, trouver le sommeil.

J'avais suivi, pour ainsi dire, pas à pas le développement de la passion de Rodolphe.

Dès mon arrivée à la cour, l'Archiduc m'avait plu et il me témoignait de l'amitié. Nous étions presque du même âge. J'ose dire que, par bien des côtés, nous nous ressemblions. Nos idées étaient les mêmes sur beaucoup de points. Rodolphe fut

confiant avec moi, et je sentis bientôt dans sa confiance quelque chose de plus.

Cela m'arrivait trop souvent, de divers côtés,
depuis que j'étais à Vienne, pour que je ne fusse
pas en garde. Mais Dieu sait qu'alors, j'eus quelque
mérite à dire au prince, dans la cordialité du tutoie-
ment d'usage dans les familles royales et princières
que régit l'esprit patriarcal allemand :

— Marie-toi... J'ai une sœur qui me ressem-
ble. Epouse-la !

Une première fois, il s'en fut en me répondant :

— J'aime mieux Middzi !

C'était une jolie fille, type parfait de la Viennoise, cette Parisienne de l'Est européen. Il en eut
deux enfants.

Cependant, la sagesse l'emporta et, peut-être
aussi mon influence, sans compter que, jeune mère,
et puisant dans la maternité le courage de supporter
bien des choses qui, plus tard, aggravées, ne furent
plus supportables, je n'étais encore ni « démente,
ni prodigue, ni capable de toutes les duplicités »,
au dire de mes persécuteurs.

Bien au contraire, longtemps mes qualités et mes
vertus ont été exaltées par des gens qui devaient
ensuite me couvrir d'opprobre. A cette époque, ma
sœur cadette parut devoir être une réplique heu-

reuse de ce que j'étais, et Rodolphe prit le train pour Bruxelles. Stéphanie devint la seconde dignitaire de l'Autriche-Hongrie, la future impératrice de la Double Monarchie.

L'Archiduc n'eut pas de peine à lui plaire. Il avait plus que la beauté : la séduction. De taille moyenne, bien proportionné, il cachait beaucoup de résistance sous une apparence frêle. Il faisait songer à un pur-sang : il en avait le fond, l'aspect léger et les caprices. Sa force nerveuse égalait sa sensibilité. Sur son visage au teint mat se reflétaient ses sentiments. Son œil, dont l'iris brun et brillant se colorait par moment de teintes diverses, semblait changer de forme en changeant d'expression. Il passait promptement de la caresse à la colère, et de la colère à la caresse. Il était troublant; il révélait une âme prenante, diverse et raffinée. Le sourire de Rodolphe faisait peut-être encore plus d'impression. C'était le sourire de sphinx angélique, particulier à l'impératrice, avec, en plus, une façon de parler, de se donner, de capter qui faisait l'effet d'extérioriser, de livrer la personne mystérieuse de Rodolphe à son interlocuteur, flatté de posséder cet être rare et prestigieux.

Très lettré, très ouvert au mouvement des idées, l'Archiduc recherchait la société des artistes et des savants. Il se plaisait en compagnie d'hommes comme ces peintres supérieurs Canon et Angeli, et l'éminent physiologue professeur Billroth.

Qu'on n'attende pas de moi, à présent, un portrait de ma sœur. Il m'est bien difficile de m'attarder sur elle, en détails laudatifs, puisque j'ai dit qu'elle me ressemblait. Je dirai seulement : en mieux, physiquement.

Rodolphe et Stéphanie formaient un couple en apparence bien assorti. Leur fille, Elisabeth, aujourd'hui Princesse de Windischgraetz, doit à la fortune dont elle a hérité de son grand-père, l'Empereur François-Joseph, une indépendance matérielle qui, jointe à son indépendance morale, a fait d'elle une jeune femme très en vue.

'Après sa naissance, ma sœur, au lendemain des relevailles, eut l'idée de voyager. Elle avait besoin de se remettre, en allant à la mer. Elle se rendit à Jersey et y séjourna longuement.

Rodolphe fut contrarié de son départ. Il s'y était opposé en disant qu'il fallait qu'elle restât près de lui qui, retenu par ses obligations de prince héritier, ne pouvait l'accompagner.

Mais nous sommes d'une famille où, lorsque nous avons décidé quelque chose, il est bien difficile de nous faire revenir sur notre détermination.

Stéphanie s'en fut. Elle ne songea pas qu'une jeune femme doit rester le plus possible près de son jeune mari, surtout quand il est l'homme le plus exposé de la cour de Vienne aux tentations.

Rodolphe, un peu plus tard, eut un chagrin autrement vif que la contrariété d'une absence qui, en somme, pouvait s'excuser, à la condition de n'être pas aussi prolongée qu'elle le fut.

L'Archiduchesse héritière de la Couronne tomba malade. Lorsqu'elle sortit des mains des chirurgiens qui eurent à lui prodiguer leurs soins, Rodolphe apprit qu'il aurait peu de chances, désormais, de voir s'accroître le nombre de ses enfants légitimes.

Le coup fut rude. De ce jour, il commença à s'étourdir. Il était porté à s'oublier au cours des beuveries, des parties de chasse et autres. Ce penchant s'accentua. Ce fut à ce moment que la Vescera se trouva sur son chemin.

La première fois que je fus fixée sur sa beauté, je faillis perdre contenance, mise dans une situation imprévue et délicate, qui me fit appréhender l'excès de la passion dans une nature telle que celle de Rodolphe.

Il y avait un dîner au palais de Cobourg. L'Archiduc héritier était, selon son rang, à ma droite, et ma sœur en face de moi.

On parlait beaucoup, dans Vienne, de la liaison de Rodolphe et de la Vescera. Stéphanie, quoique silencieuse là-dessus, par dignité de caractère, devait souffrir. Je n'avais pas craint de dire à Rodolphe, aussi doucement que possible, mon opinion sur ce sujet difficile, et j'avais exprimé l'espoir que les racontars exagéraient. Je voulais penser qu'il ne s'agissait que d'un caprice. Et voilà qu'à table, les valets derrière nous, les convives attentifs à nos moindres gestes, et, premièrement, ma sœur et mon mari, Rodolphe s'avisa de me montrer, dans sa main, cachée par le couvert et ses ornements propices, un portrait de femme en miniature, dissimulé dans quelque chose qui me parut être un porte-cigarettes.

— C'est Mary, dit-il. Comment la trouves-tu?

Je n'eus d'autre ressource que de sembler n'avoir ni vu, ni entendu et, par-dessus la table, d'adresser la parole à ma sœur.

Mais, ainsi débridé, que ne ferait pas Rodolphe? On ne fut pas long à le voir.

Mon beau-frère est mort le 30 janvier 1889, entre six et sept heures du matin. Trois ou quatre jours auparavant, dans la matinée — chose bien rare — ma sœur vint chez moi. Fatiguée, j'étais encore au lit. Stéphanie était inquiète, agitée.

— Rodolphe, dit-elle, va partir pour Mayerling et y rester quelques jours. Il n'y sera pas seul. Que faire?

Je me redressai sur mes oreillers, saisie d'un pressentiment sinistre. Les paroles de l'Archiduc à la soirée du Prince de Reuss étaient encore dans mes oreilles.

— Pour l'amour de Dieu! m'écriai-je, ne le laisse pas partir seul. Va avec lui.

Mais était-ce possible? Hélas! il en fut autrement. Je ne devais revoir ma sœur que veuve et mon beau-frère, inerte, sur son lit de parade, le visage exsangue, entouré d'un bandeau blanc...

Le 28, dans l'après-midi, je faisais une promenade au Prater, seule avec ma dame d'honneur. C'était un beau jour d'hiver, et le soleil oriental semblait s'attarder à Vienne. J'avais fait mettre ma voiture au pas pour goûter la clémence du ciel, mieux regarder les équipages et les cavaliers, et recevoir et rendre les saluts.

Dans la *Hauptallee*, j'aperçus avec étonnement Rodolphe sans suite, à pied, et qui causait d'une manière animée, avec cette comtesse L..., qui a beaucoup fait parler d'elle, publié bien des choses, et dont le rôle, près de Rodolphe, fut tel qu'il ne me convient pas de l'apprécier.

L'Archiduc vit ma voiture. Il me fit signe d'arrêter et vint au marchepied.

Il allait me parler pour la dernière fois!

Je me suis demandé bien souvent pourquoi ses paroles banales, en somme, me causèrent un trouble indéfinissable. Leur son est resté en moi, et je n'ai jamais oublié le singulier regard qui les accompagnait. Rodolphe était pâle, fiévreux, à bout de nerfs.

— Je pars tantôt pour Mayerling, prononça-t-il. Dis au « gros » de ne pas venir ce soir, mais seulement après-demain matin.

Le « gros », révérence parler, c'était mon mari. Le prince de Cobourg comptait parmi les plus fidèles compagnons de Rodolphe dans ses parties de chasse et de plaisir.

Je voulus retenir un instant mon beau-frère, essayer de le faire causer davantage. Je demandai :

— Quand viendras-tu me voir? Il y a longtemps que tu n'es venu.

Il répondit étrangement :

— A quoi bon?

*
**

Rodolphe allait rester du 28 au soir au 30 au matin à Mayerling, en tête à tête avec sa maîtresse. Quand ses invités habituels, ajournés de 36 heures, pour la chasse qui devait commencer à 8 heures, arrivèrent, la réunion était comme un de ces banquets où la Mort a été priée par la volonté du Prince, ainsi qu'au temps de Néron ou de Tibère.

Le condamné, ici, c'était le Prince lui-même, et il entraînait dans l'abîme l'amante impérieuse qui l'y avait poussé.

On les trouva morts dans leur chambre. Spectacle affreux, et que virent, les premiers, le Comte Hoyoz, puis le Prince de Cobourg.

Si la Vescera fut une dominatrice,

Et Vénus tout entière à sa proie attachée,
Rodolphe, par un sursaut de désespoir et de rage, ne lui pardonna pas de l'avoir mis dans une situation impossible qu'il ne se pardonnait pas non plus. Au matin d'une énervante orgie, ils moururent tous les deux. Ce fut le temps d'un éclair.

Il ne pouvait continuer à avoir deux ménages. Impétueux et asservi, il ne supportait plus une liaison qui le paralysait et que, cependant, il ne pouvait rompre, tant elle tenait à son corps par des fibres multiples.

Les romanciers ont souvent dépeint cette situation affreuse de l'esclavage de la matière, et de la protestation éperdue de l'esprit qui ne peut s'évader que dans la mort.

Rodolphe, à trente ans, désespérait de tout. Il était excédé de vivre dans l'atmosphère d'une cour où il étouffait. Sa mort volontaire eut diverses causes dont les principales furent celles-ci :

D'abord, l'amer regret d'un mariage qui ne lui donnait pas ce qu'il en avait attendu, par la quasi-certitude de rester sans héritier; l'impossibilité de réaliser le vœu de le rompre, vœu impie aux yeux de ses proches, du Saint-Siège et de la catholicité; enfin, la vision précise des chances de longue vie de l'Empereur, être insensible et qui s'embaumait, tout vivant, de soins égoïstes et minutieux.

J'ai entendu Rodolphe me dire bien des fois :

— Jamais je ne régnerai! Jamais *il* ne me laissera régner....

Et s'il avait régné...?

Ah! s'il avait régné!

J'ai connu ses projets et ses vues. Je n'en dirai que ceci : rien ne l'effrayait des idées modernes,

Les plus hardies l'auraient trouvé adapté. Il avait, de lui-même, brisé dans ses résolutions l'appareil désuet de la monarchie austro-hongroise. Mais comme les pièces d'une invisible armure tenues par des chaînes extensibles, les contraintes, les formules, les conceptions archaïques, les ignorances du parti pris et de l'erreur, tout ce dont il avait voulu, il voulait s'échapper, se resserrait autour de lui. Sa vie était un combat perpétuel contre une cour usée, finie, aveugle, corrompue, dont les mœurs avaient asservi son corps sans enchaîner son intelligence.

Il fallait qu'il succombât ou qu'il régnât à temps pour triompher, jeter bas l'armure de Nessus, ouvrir les fenêtres, renverser la muraille de Chine, chasser à coups de fouet la camarilla.

Mais la monarchie austro-hongroise devait périr, plutôt que se transformer. Il fut envoyé dans la mort en courrier.

La sinistre nouvelle parvint à Vienne dans la matinée du 30. Ce fut un affolement général.

L'après-midi, un aide de camp de l'Empereur vint, de sa part, s'informer près de moi.

J'étais presque hors d'état de me tenir et de parler. On était venu me dire, à la première heure, que le prince de Cobourg avait assassiné mon beau-frère!

Il s'était trouvé de bonnes âmes, dans Vienne et à la Cour, pour ne pas admettre que l'affection de Rodolphe fût pour moi fraternelle.

Ah! si l'on savait à quelles ignominies de la jalousie et de la méchanceté, plus on monte, plus on est exposé!

Le Prince héritier disparaissant, les imaginations et les vilenies se donnaient libre carrière!

Je répondis à l'aide de camp que je ne savais rien, sauf le bruit de la fin sinistre de Rodolphe et de la Vescera, et que mon mari, parti le matin même vers 6 heures, pour la chasse, à Mayerling, n'était pas rentré.

Entre temps, j'avais reçu une dame d'honneur de Stéphanie, qui me faisait prévenir de la catastrophe.

Me dominant, je me fis conduire à la Hofburg, près de ma sœur.

Je la trouvai, blême et muette, tenant en main une lettre dont le secret, aujourd'hui, est dû à l'Histoire.

Cette lettre, on venait de la découvrir dans le bureau particulier de Rodolphe, à l'adresse de Stéphanie. Elle annonçait sa mort.

Tout était résolu, quand mon beau-frère me

parlait au Prater. La lettre débutait ainsi : « Je prends congé de la vie... »

C'était trop pour moi de lire cela. Les mots se brouillaient sous mes larmes.

« Sois heureuse à ta façon », disait-il à sa femme.

Et sa recommandation ultime était pour leur enfant : « Prends bien soin de ta fille. C'est ce qui m'est le plus cher. Je te laisse ce devoir. »

Malheureuse enfant, qui n'a pas eu de père, je l'ai plainte bien souvent, et je la plains plus que jamais. Elle ne sait pas ce qu'elle a perdu.

Le Prince de Cobourg ne revint au palais que dans la nuit du 31, après de longues heures passées chez l'Empereur. Il entra chez moi. Le désordre de ses traits et la fébrilité de ses paroles disaient quelles émotions il venait de traverser. Je le pressai de me donner des détails.

— C'est horrible ! horrible ! ce que j'ai vu là-bas, prononça-t-il. Mais je ne puis, je ne dois rien dire, sinon qu'ils sont morts tous deux.

Il avait prêté serment de se taire entre les mains de l'Empereur, de même que les autres amis de Rodolphe, venus pour chasser à Mayerling. Le secret fut bien gardé. Les quelques gens de service qui auraient pu parler eurent aussi de fortes raisons de ne rien dévoiler.

Quand je me rendis près de l'Impératrice, sur son appel, je fus en face d'une statue de marbre couverte d'un voile noir.

Je ressentais une émotion si forte que j'avais peine à marcher.

Je baisai passionnément la main qu'elle me tendit, et, de sa voix brisée de mère au Calvaire, elle murmura :

— Tu pleures avec moi, n'est-ce pas?... Oui, je sais que tu l'aimais bien!

Oh! l'infortunée, elle adorait son fils. Il lui faisait supporter l'ennui de cendre grise que dégageait son père, si mesquin, près d'elle, si grande. Rodolphe ravi à sa tendresse et à l'œuvre impériale, elle allait fuir, elle aussi, cette cour désormais sans avenir pour elle, et rencontrer la mort. On sait de quel coup subit et cruel elle mourut, innocente victime des fautes de son rang.

J'ai vu, je vois, dans les drames successifs de la fin de la Maison d'Autriche, un châtiment céleste. Un pareil enchaînement de fatalités sanglantes, qui nous ramène aux tragédies de Sophocle ou d'Euripide, n'est pas le simple jeu du hasard. La justice des dieux fut toujours celle de Dieu. La cour de Vienne devait périr, terriblement frappée. Elle avait tout trahi et, d'abord, ses traditions, car il n'y restait rien de haut, même dans l'intrigue. Ce n'était plus qu'une basse cuisine de valets de Berlin. Et, lorsque François-Joseph, au fameux Congrès Eucharistique de la veille de la guerre, avait paru dans le carrosse impérial et devant les Autels, en Prince de la Foi, il allait, au sortir de ces pompes, finir platement sa journée en écoutant, chez Mme S..., les potins de Vienne et les racontars de police.

Rodolphe est mort de dégoût.

X

Ferdinand de Cobourg et la Cour de Sofia.

La famille de Cobourg était à son apogée au temps de Léopold Ier et du Prince consort.

Elle donnait à l'Europe une série de princes faits vraiment pour diriger des peuples. Leur influence, directe en Belgique, indirecte en Angleterre, mais non moins efficace, créait une période de paix et d'entente dont on sait les fructueux résultats.

Plus tard, au temps où mon père continua brillamment l'œuvre du sien, le duc Ernest, prince régnant dans le duché de Saxe-Cobourg-Gotha, ne se montrait pas inférieur à son cousin de Bruxelles. A Vienne, le Prince Auguste, si parfaitement

10

bon, et que j'eus trop peu comme beau-père, avait aussi prouvé qu'il était un homme de valeur.

Des divers Cobourg, ceux de Vienne, frères de mon mari, étaient avec lui les descendants mâles qui devaient continuer le nom et la race.

Je parlerai principalement de l'un d'eux, Ferdinand, ex-tsar de Bulgarie. Je ne m'étendrai pas de nouveau sur la branche de ma famille à laquelle il appartient. Son rôle dans l'Histoire contemporaine est suffisamment connu.

Ferdinand de Cobourg, encore vivant quand j'écris ceci, est un des êtres les plus curieux qu'il soit possible d'imaginer.

Pour le dépeindre, il faudrait un Barbey d'Aurevilly, à défaut d'un Balzac.

Plus ma pensée s'est affermie, en vieillissant, et plus j'ai cherché à comprendre ce personnage étrange, moins je l'ai compris, si je le considérais d'un des points de vue ordinaires à la psychologie humaine.

J'ai lu souvent que la femme est une énigme. Il y a des hommes pires que des femmes. C'est à se demander si celui-ci ne s'était pas créé, encore plus que Guillaume II, un monde artificiel, dans lequel il a voulu vivre. Je dirai lequel tout à l'heure.

Je reconnais que l'éducation princière, en excitant par ses respects et flatteries de tous les jours l'amour-propre des princes, a tôt fait de les rendre singuliers, si, d'autre part, quelque influence salutaire ne fait frein aux excitations de l'orgueil.

Une mère supérieure ne parvint pas à équilibrer les dons incontestables de Ferdinand. Il était né à l'automne de la Princesse Clémentine. C'était son Benjamin. Elle fut faible pour lui. Cette force de toutes nos forces, l'amour des mères, a ses faiblesses. Les mauvais fils sont ceux qui en abusent, et ceci, suivant cette justice qui ne se laisse jamais voir, mais qui a ses arrêts et ses châtiments, parfois visibles ici-bas, — ceci doit être durement expié.

Il avait seize ans lorsque je suis arrivée au palais Cobourg. Il était élégant et svelte; son visage, éclairé de deux yeux d'un bleu d'acier, avait la beauté de la jeunesse, avec quelque chose de bourbonien. Le feu de l'intelligence, l'enthousiasme et la curiosité de vivre l'animaient.

Il promettait d'être différent, de toute façon, de son frère aîné. Au moral, il paraissait riche des qualités du cadet, le charmant Auguste de Cobourg, mais elles n'aidèrent chez lui qu'à cette aisance distinguée qui lui fut, plus tard, naturelle, pour couvrir d'une brillante apparence sa nature complexe et tourmentée.

J'avais un an de plus que lui. Nous étions la gaieté du vieux palais, aux moments où je pouvais oublier son ennui et mes rancœurs. J'étais la confidente de Ferdinand, et je me retenais de faire de lui mon confident.

Sans qu'il le fût et quoique, plus tard, il dût me témoigner de l'hostilité, il se dévouait volontiers à plaire à sa belle-sœur, et à l'entourer de fleurs, de prévenances et de soins. Or, ceci advint, qui dura longtemps, qu'à cause de moi le premier né et le dernier né des Cobourg furent des frères ennemis, sous les dehors qu'ils devaient à leur situation.

Il faut bien dire ces choses-là, car on ne s'expliquerait guère autrement tant d'inimitiés qui, un jour, m'accablèrent. Elles procédaient, du côté masculin, de la même cause, si misérable et qui sera éternellement au fond de tant de drames humains : la jalousie et l'appétit du plaisir, contrariés par une règle morale.

Ferdinand de Cobourg, idolâtré par sa mère, accueilli en enfant gâté par la société, initié de bonne heure aux joies raffinées, se laissa emporter dans un monde singulier par une imagination exaltée.

J'ai vu, je vois encore en lui, une espèce de nécromant moderne, de magicien « fin de siècle ».

Il a été cabaliste, comme M. Péladan était mage. Et de ces aventures-là, il reste toujours quelque chose qui pèse sur la destinée.

Si d'abord je ne pus que lui voir faire des gestes surprenants sans m'expliquer ce qu'ils décelaient de tendances bizarres, je suis arrivée, par la suite, avec l'expérience des hommes et des choses, à comprendre pourquoi il était incompréhensible : il devait être possédé de l'Au-delà, pris à rebours. Il ne croyait pas à Dieu; il croyait au Diable.

Je ne raconte que ce dont je suis sûre; je ne dis que ce que j'ai vu. Pas d'être plus superstitieux, par certains côtés, et plus troublant que Ferdinand de Cobourg. Je me demande à quelle secte fantastique, à quelle confrérie sabbatique il fut de bonne heure affilié, dans l'idée, sans doute, de servir ses conceptions ambitieuses et extraordinaires.

Je me souviens qu'en notre palais de Vienne, parfois, il me demandait de lui faire de la musique, certains soirs où nous étions seuls. Il voulait que la pièce fût aussi peu éclairée que possible. Il s'approchait du piano. Il écoutait en silence. Minuit venait, il se levait...

Il se levait avec une espèce de solennité, le visage recueilli, concentré. Il regardait la pendule.

Il attendait le premier des douze coups, et quand il était proche, il disait :

— Joue la marche d'*Aïda*.

Alors, se reculant jusqu'au milieu du salon, il prenait une attitude d'officiant et prononçait des paroles incompréhensibles qui m'effaraient.

Il articulait des formules cabalistiques en ouvrant les bras, la taille cambrée, la tête rejetée en arrière.

Dans ses paroles mystérieuses, revenait le mot *Kopt* ou *Kofte;* ou *Cophte* (?), que je lui ai demandé d'écrire, un jour. Il a tracé des lettres dont je n'ai point su ce qu'elles étaient, sauf que j'ai cru y reconnaître une sorte de caractères grecs.

Je l'ai questionné après ces séances, car, pendant, il fallait se taire et jouer la marche d'*Aïda*. Il m'a répondu en somme :

— Le démon existe. Je l'appelle et il vient !

Je n'en croyais rien; je veux dire que je ne croyais pas à sa visite. J'avais un peu peur tout de même. Et, quand mon beau-frère recommençait, je cherchais à découvrir si rien d'insolite ne se révélait autour de nous. Mais il n'y avait d'insolite que Ferdinand et ma curiosité — et notre avenir à tous deux !

Fécond en singularités, il enterrait les gants et

les cravates qu'il avait portés. C'était encore toute une cérémonie à laquelle, parfois, j'ai dû assister. Il avait lui-même creusé la fosse, et il prononçait aussi des paroles étranges, d'un air mystérieux.

Sa bouche prenait alors ce pli amer que l'âge devait accentuer.

Jouait-il avec le Dominateur, et gagnait-il à ce jeu l'esprit de domination qui devait être si fort chez lui?

Etait-ce une sorte d'excitation cérébrale qu'il cherchait dans des pratiques où je crois bien qu'on s'auto-suggestionne dangereusement?

Je laisse aux aliénistes, aux occultistes et aux casuistes le soin d'apprécier ce cas. Je suis un témoin. Rien de plus.

Il n'était pas encore prince de Bulgarie. On ne voyait en lui qu'un aimable lieutenant de chasseurs autrichiens, qui venait des hussards parce qu'il ne sympathisait pas avec cet animal du haut duquel on peut tomber, et qui passe pour la plus noble conquête de l'homme. J'y mets des formes, mais je veux dire que Ferdinand de Cobourg était un déplorable cavalier.

Qui eût pensé que ce petit officier mis à pied, bien né, d'ailleurs, bien apparenté et fin, aurait un trône et rêverait, un jour, d'être empereur de Byzance?

Encore un qui avait préparé sa couronne, son entrée, et la cérémonie de couronnement, comme ce malheureux Guillaume qui s'attendait à se couronner lui-même *Woltkaiser*, dans Notre-Dame-de Paris! Je me suis même laissé dire qu'il avait songé à une cérémonie où le Pape aurait dû venir, bon gré, mal gré, et où toutes les Confessions se seraient réconciliées dans la personne impériale, auguste et sacrée.

C'est vraiment trop pour un homme, aujourd'hui, d'être Roi, selon l'ancienne formule du pouvoir absolu. Ce vin est trop fort. Il monte à la tête.

Jadis le Prince, même souverain maître, n'entendait, ne voyait qu'un petit nombre de fidèles qui le gardaient et le tenaient, autant qu'ils le servaient. Il était en guerre les trois quarts du temps, et prenait sa part de la rude vie de soldat. A présent, il entend mille voix, mille gens, mille affaires. Il ne se bat plus, de sa personne, et la paix a des périodes prolongées. Le confort l'entoure et l'amollit. Le trésor des inventions et découvertes a tout changé autour de lui. Et quoique la valeur et l'aspect de la société et des individus se soient totalement modifiés, tout est encore à ses pieds!

Il y a de quoi perdre la notion des réalités, comme l'infortuné Tzar Nicolas la perdit, comme Guillaume II la perdit, comme Ferdinand de Bulgarie la perdit.

Car Ferdinand prit le pouvoir et le garda en autocrate, et je suis convaincue qu'il me saura gré de ne pas m'étendre sur sa politique et les moyens qu'elle employa.

Il était arrivé au trône par les soins de la Princesse Clémentine, ambitieuse pour ce fils bien-aimé. Que n'a-t-elle toujours vécu! Encore que dans sa passion d'autorité, Ferdinand ait voulu l'emporter jusque sur sa mère à laquelle, parfois, cédant à l'orgueil de dominer, il disait des paroles qu'heureusement sa surdité l'empêchait d'entendre, si elle avait pu rester sur terre, pour le conseiller, il eût suivi un meilleur chemin.

Reste à savoir s'il l'aurait écoutée. Et pourtant, ce fut elle qui gagna pour lui le trône de Sofia, et qui l'y maintint dans ses débuts périlleux. Elle donna des millions intelligents à l'établissement du Prince et de la Principauté.

On se souvient de l'ascension de Ferdinand, prince contesté, puis reconnu, puis Tzar. Il eût pu dire, comme Fouquet : « *Quo non ascendam?* » Tout lui réussissait. Bientôt, il fut si sûr de lui, qu'on le vit remonter à cheval. Je peux en parler. Je lui ai choisi une de ses montures préférées. Elle venait de notre haras de Hongrie. C'était un bai de haute taille, bien d'aplomb, et large de rein. Ferdinand était grand et fort. Il lui fallait un cheval résistant, mais facile et sage, et qui ne prît peur de rien, ni du canon, ni des cris, ni des fanfares. Je l'essayai au Prater devant l'envoyé du Prince. Nous avions vraiment trouvé un mouton à cinq pattes que j'aurais bien été fâchée d'avoir pour moi, car il m'ennuyait. Aucun tintamarre ne le surprit. Il partit pour Sofia, où Ferdinand fit le beau, sur cette bonne bête, avec laquelle, peut-être, il rêva plus tard d'entrer à Constantinople.

On n'a pas oublié sa guerre contre les Turcs. Il se voyait déjà aux portes de Byzance... Mais je ne veux pas redire ce que chacun sait.

Je veux plutôt éclairer d'une lumière nouvelle le drame intime que son diabolique mépris de la Divinité et des règles morales de la civilisation chrétienne provoqua lorsqu'il fit baptiser et élever ses fils dans cette religion orthodoxe d'où le bolchevisme devait sortir, comme la guerre européenne est sortie du luthérianisme, et comme les plus terribles épreuves de l'Angleterre sortiront, fatalement, de son désordre religieux.

Ferdinand de Bulgarie, né dans la confession catholique, épousa, en premières noces, Marie-Louise de Parme, fille du duc, fidèle servant de la foi apostolique et romaine. Ce mariage, célébré alors qu'il était déjà prince de Bulgarie, ne fut consenti que sous l'expresse condition que les enfants à venir seraient baptisés et élevés dans la religion de leur mère et de leurs ascendants. Ce fut un article formel du contrat. Ferdinand s'engagea donc solennellement. Mais, lorsqu'il jugea que l'appui de la Russie pouvait être utile à ses vues sur Constantinople, il n'hésita pas et, se dégageant à la fois de sa signature et de ses serments, il livra ses deux fils au schisme russe. Sur quoi, trahie, révoltée, frappée dans sa croyance, déchirée dans son âme, mère de l'âme de ses enfants, Marie-Louise de Parme s'enfuit du Konak de Sofia et vint à Vienne cacher sa douleur et son épouvante dans les bras maternels de la princesse Clémentine, non moins crucifiée qu'elle par le reniement de son fils.

Les personnes qui ont quelque idée des questions de conscience et, particulièrement, de celles que les convictions religieuses font naître, comprendront sans peine l'intensité de ce drame.

J'étais alors au palais Cobourg. Je vis arriver la

princesse de Bulgarie fuyant le lieu où, pour cette mère pieuse, ses enfants innocents perdaient leur part d'éternité. C'était, sans doute, beaucoup craindre. Dieu est bien plus grand que nous ne l'imaginons. Nos interprétations de sa justice, même inspirées de la Révélation, seront toujours au-dessous de sa miséricorde, car nous n'avons pas de mots sur terre pour la bien définir, pas plus que pour expliquer le mystère de la survie des âmes.

La pauvre princesse n'en était pas moins affreusement malheureuse.. Je me souviens de sa pâleur, de son angoisse, de son indignation, de son désir de voir annuler son mariage en cour de Rome.

De peur que Ferdinand ne vînt la reprendre de force, elle avait voulu s'installer tout près de sa belle-mère. On dut lui dresser un lit de fortune dans une petite pièce attenante à la chambre de la Princesse. Elle ne se sentait en sûreté que dans cet asile.

La raison d'Etat et l'impossibilité, pour cette mère, de vivre sans voir ses enfants retenus prisonniers du trône de leur père, furent plus fortes que sa révolte et son désespoir. Quelques mois plus tard, elle accepta de revenir à Sofia.

Les Parme étaient, comme elle, bouleversés. Le Saint-Siège avait excommunié Ferdinand. Cette malédiction sacrée jetait dans le deuil la famille si croyante et si digne d'amour qui lui avait fait confiance en lui donnant une de ses filles.

Je revis, à Sofia, la pauvre princesse de Bulgarie. Elle avait héroïquement repris la charge conjugale ; elle relevait de couches.

Qui saura, qui dira jamais ce qui se passait en elle ? Dévorée d'angoisses intérieures, elle en mourut peut-être. Elle était de ces natures que ronge une plaie d'âme. J'ai pensé bien souvent à elle. Ce fut une martyre de son amour pour ses enfants.

Un séjour à Sofia, resté ineffaçable dans ma mémoire, nous ramène à 1898.

Mon mari m'accompagnait, mais il y avait toujours, entre son frère et lui, quelque chose d'indéfinissable et d'indéfini qui était ce que j'ai précédemment indiqué.

On ne pouvait être mieux accueilli que nous ne le fûmes. La vie du Souverain était supérieurement organisée dans ce pays encore primitif. Au palais, rien ne manquait. L'Orient et l'Occident s'y mariaient confortablement.

Ferdinand me donna, pour garder mon appartement personnel, une sorte d'honnête brigand revêtu d'une livrée pittoresque, d'aspect oriental. A partir du moment où il lui fut dit de veiller sur moi, et de n'obéir qu'à mes ordres, il s'installa devant ma porte, et de jour et de nuit, n'en bougea plus. Mon mari lui-même ne serait pas entré sans ma permission.

Je n'ai jamais compris comment cette farouche sentinelle pouvait être toujours là.

Mon beau-frère se montra pour moi d'un empressement délicat et raffiné. Il me fit la reine de ces jours de fête. Je fus comblée d'hommages par tout ce qui l'entourait. Chaque repas était une merveille de décoration et de cuisine. Les Sybarites auraient aimé le palais de Sofia.

J'ai toujours apprécié les repas qui sont des repas. Il n'en coûte guère plus de bien manger que de mal manger; et c'est une infirmité du corps et de l'esprit, en même temps qu'une offense au Créateur, que de dédaigner les mets accommodés avec soin. Si nous avons le don du goût, et si les bonnes choses existent sur terre, c'est, apparemment, que celles-ci sont faites pour celui-là.

Ferdinand pratiquait cette théorie en épicurien.

Après le souper, chaque soir, il y avait danse au palais. Les officiers bulgares étaient d'intrépides danseurs. Elevés à Vienne ou à Paris, ils savaient causer. Ils étaient distingués, comme le sont les fils d'une forte race, essentiellement agricole, dont la vie saine et large donne à son élite une instinctive noblesse.

Dans le jour, le Prince me faisait les honneurs de sa capitale et de son royaume. Nous évoquions les souvenirs du palais de Cobourg, et nos excursions et parties d'autrefois. Nous revenions en esprit dans cette forêt d'Elenthal, si chère à notre jeunesse.

Nous roulions en voiture, accompagnés d'une escorte que je ne me lassais pas d'admirer. J'ignore si les routes se sont améliorées, en Bulgarie; mais alors, elles étaient rares et entretenues par la Providence. A peu de distance de la capitale, elles prenaient l'aspect de pistes. L'escorte suivait sans broncher, indifférente aux obstacles de tout genre qu'elle rencontrait sur les côtés du chemin trop étroit.

J'ai vu rarement de pareils cavaliers et de pareilles façons, pour les bêtes et les gens, de franchir les haies, les murs, les fossés. C'était de la sorcellerie à cheval.

Je regardais Ferdinand, superbe d'indifférence à tout ce qui n'était pas sa belle-sœur. Je le regardais, en pensant au sataniste de notre jeunesse. Il était toujours étrange. Je voyais encore, comme depuis longtemps, une amulette à sa boutonnière, en guise de décoration. C'était un bouton jaune de marguerite, travaillé en un métal d'une teinte pareille à celle du cœur de la fleur, et parfaitement exécuté. Chaque fois que je l'ai questionné sur ce « gri-gri », dont il ne se séparait pas, il a pris son air grave, et laissé entendre que c'était là quelque chose dont il ne convenait pas de parler.

Il nous avait instamment priés de venir passer un peu de temps près de lui. Avait-il dans l'idée ce qu'il me dit, un soir, en plein souper, et qu'il appuya d'un autre ton, au privé? Je ne peux le croire.

Je pense que, par moments, emporté par ses sens, il ne se possédait plus. Je ne sais pas si, comme son frère aîné le voulait tant, j'ai été folle, mais je suis bien sûre que, souvent, Ferdinand de Cobourg n'avait pas toute sa raison.

Oui, ce lettré spirituel, cet amateur d'art éclairé, ce passionné de fleurs, cet ami délicieux des oiseaux qu'il choyait dans une volière de conte bleu, et charmait comme un charmeur de profession, cet homme du monde accompli, quand il voulait l'être, ce fils enfin de la princesse Clémentine et ce petit-fils de la reine Marie-Amélie, disparaissaient derrière un personnage démoniaque, et qui s'abandonnait aux instincts du sabbat.

A ce souper, que je revois comme si j'y étais, il me dit, sans pouvoir être entendu de mon mari, placé en face de nous, du côté où la Princesse absente, étant souffrante, aurait dû être :

— Tu vois tout ce qui est ici, hommes et choses. Eh bien! tout, y compris mon royaume, je le mets, avec moi, à tes pieds!

Je ne pouvais accueillir cette déclaration de roman qu'en y voyant une galanterie qui tenait plus de la fantaisie que de la réalité. C'est sur le ton de la plaisanterie que j'essayai de répondre. Mais j'avais plus d'une raison, outre l'expression de son regard qui démentait l'aisance de sa voix, de me méfier de son imagination asservie à son désir.

En effet, le même soir, après le souper, il vint à moi et, m'attirant du salon de danse dans une pièce voisine, vers une des portes-fenêtres ouvertes sur la nuit orientale et la paix du petit parc du palais, il me demanda si j'avais compris ce qu'il m'avait dit à table.

Sa parole était dure, son regard fixe. Il avait quelque chose d'impérieux et de fascinateur. J'étais extrêmement troublée. Il insista brutalement :

— C'est pour la dernière fois que je t'offre ce que je t'ai offert. Comprends-tu?

Mes yeux se reportèrent sur le salon. J'aperçus le prince de Cobourg, si différent de ce frère encore jeune, imposant, plein de force, beau d'allure. Mais l'image de la Princesse Marie-Louise passa devant mes yeux, et aussi celle de la Reine... Je secouai la tête en murmurant un « non » effrayé.

Je devais être d'une pâleur de cire. Ferdinand changea de visage. Ses traits eurent une expression sinistre; il blêmit et, d'un ton rauque, menaça, dans un ricanement :

— Prends garde! Tu t'en repentiras! Par « Kophte »... (?)

Il ajouta ces mots incompréhensibles qu'il prononçait, lorsqu'il me demandait de jouer, à minuit, la marche d'*Aïda* dans le salon obscur.

J'ai senti, ce soir-là, que quelque chose de dangereux pour moi venait de se produire. Il est de fait qu'à dater de cette époque, Ferdinand de Cobourg s'unit à son frère dans son inimitié à mon égard. Et ce n'était pas une mince inimitié que la sienne!

Je me rends parfaitement compte que ce récit, pour bien des gens, paraîtra incroyable. C'est de l'Anne Radcliffe! Mais tout fut incroyable dans la vie publique et privée de Ferdinand de Cobourg...

Je ne veux pas rappeler le jugement déjà porté sur lui par l'Histoire, petite et grande. Mon but n'est pas d'ajouter à son écrasement. Mon but est de montrer dans quel milieu inconcevable j'ai vécu. J'étais dans une famille où il y avait de tout, du parfait et de l'exécrable. Malheureusement, je n'étais pas libre de suivre le parfait et d'abandonner l'exécrable. J'ai mis vingt ans à m'évader.

Ferdinand de Cobourg a commencé de subir, lui aussi, ici-bas, son châtiment. Tel que je le connais, je suis certaine qu'il souffre avec intensité, même s'il a encore, parfois, les consolations de Lucifer.

Il se prenait, je crois, pour un « surhomme ».

Ce fou de Nietszche, rajeunissant une théorie vieille comme les chemins, car jadis, les surhommes s'appelèrent les chevaliers, les preux, les héros, les demi-dieux, a tourné un nombre considérable de cervelles, dans les pays germaniques. Il leur a fait d'autant plus de mal que leur surhumanité, infestée du matérialisme morbide du siècle, s'est affranchie de l'idéal qui, autrefois, animait les personnages religieux et les élevait vers l'honneur, loin du crime. Leurs buts et leurs moyens ont donc été misérables, et ne pouvaient, finalement, aboutir qu'à d'effroyables défaites matérielles et morales.

Certainement, Ferdinand de Cobourg, ambitieux dès sa jeunesse, lut Nietzsche, quand ses théories eurent le retentissement dont on se souvient. Il y gagna d'être, à présent, une des plus notables victimes de Zarathoustra.

XI

GUILLAUME II ET LA COUR DE BERLIN

L'empereur de l'illusion

Je veux parler de Guillaume II comme d'un mort. Il n'appartient plus à ce monde, il appartient à l'autre.

On m'excusera ici d'être sobre d'anecdotes. Il me serait pénible de ramener dans la vie et l'action ce disparu. Mon désir est de me borner à l'expliquer en connaissance de cause.

C'était une idée puérile de vouloir, sous de grands mots creux, cette petite chose : l'arrestation et le jugement d'une Domination effondrée dans la honte.

La société ne peut connaître des crimes contre

la Civilisation, œuvre divine, puisqu'elle met l'homme au-dessus de la bête.

Guillaume II est tombé du trône, poussé, tenu par une main autrement puissante que celle d'un policeman. Il a connu la plus dure prison, l'exil, le régime le plus affreux, la peur; le plus terrible jugement sur terre, celui de la conscience.

Qui dira le secret des nuits de ce fuyard, traître à son peuple qu'il berça d'illusions et de mensonges, et mena à la ruine, à la guerre civile, au déshonneur? Car il ne s'est pas déshonoré seul, il a déshonoré l'Allemagne en déshonorant ses armes.

Quel est l'honnête Allemand qui, revenu, aujourd'hui, des intoxications guerrières, peut, sans frémir, entendre parler de Louvain, du *Lusitania*, des gaz asphyxiants et autres horreurs dont la responsabilité retombe sur Guillaume II ?

Il faudra des siècles pour effacer la tache de sa folie meurtrière. Elle est l'ombre qui, répandue sur le malheureux Empire, le fait paraître monstrueux aux nations de l'Entente.

Or, je veux le dire tout de suite, parce que je la connais bien, l'Allemagne n'est pas ce que la Prusse impériale l'avait faite, et pourrait la refaire encore.

Victime de sa confiance et de sa candeur, elle a pris pour parole d'Evangile ce que déclarait, professait, enseignait le Souverain, héritier des souverains victorieux.

Il est plus difficile d'hériter qu'on ne pense, et je le dis sans ironie. Guillaume II n'eut rien de l'humanité de son grand-père, s'écriant devant le sacrifice des cuirassiers de Reischoffen : « Ah! les braves gens! » Rien de son père qui mérita le nom de Frédéric-le-Noble, et qui mourut de deux souffrances, celle que le mal mit dans sa gorge, celle que la fébrile impatience de régner que témoigna son fils mit dans son cœur.

Guillaume II paraissait séduisant au temps de sa jeunesse. Enfant, il était un aimable compagnon de jeux. Nous avons saccagé ensemble les fraisiers de Laeken. Sacrilège pardonné à cause de lui!

Je l'ai toujours suivi, de si loin que ce fût. Je l'ai cru grand; j'ai beaucoup attendu de sa puissance, à l'exemple, je crois, non seulement de son peuple, mais de tous les peuples. Il avait une partie merveilleuse à jouer. Il n'a pas su, il n'a pas pu; il lui a manqué ce qu'il fallait, et peut-être, d'abord, une femme habile et bonne. Le fond n'existait pas chez lui. Une femme eût pu l'y mettre ou y suppléer.

François-Joseph avait été presque brillant au début de son existence active. Il parut même distingué. Trente ans plus tard, son visage prenait une expression vulgaire que ses premiers portraits ne faisaient pas prévoir. Mais il donnait, à distance, l'impression d'être quelqu'un. La hauteur morale de l'Impératrice l'élevait d'un reflet de son éclat.

Moins favorisé, plus Guillaume II vécut, plus il se gâta d'aspect, de parole, de tenue. Deux hommes avaient exactement pris sa mesure et n'auguraient de lui rien de bon : le Prince de Galles, qui fut Edouard VII, et le Roi mon père.

L'opinion intime de mon père m'est revenue bien souvent. Ce serait tout un chapitre qui nous mènerait loin. Je me bornerai à dire que le Roi avait prévu que l'Allemagne, grisée d'excitations guerrières par Guillaume II, prédicant du vieux rite prussien, finirait par se jeter sur la Belgique, sur la France et, au besoin, sur le monde entier.

Les défenses de la Meuse furent une indication probante de la préoccupation du Roi. Mais on est bien loin de savoir tout ce qu'il dit, ce qu'il fit, ce qu'il voulut faire à ce sujet.

Malheureusement, certains partis et certains hommes influents en Belgique, de bonne foi d'ailleurs, dans leur égarement, combattirent ses desseins au lieu de les servir. La patrie en a cruellement souffert.

Comment Guillaume II est-il arrivé aux aberrations qui ont entraîné la disparition des trônes de l'Europe centrale et tant de calamités? Ce n'est pas, comme on le croit dans divers pays de l'Entente, l'effet d'une ambiance fatale, créée par les ambitions de l'Allemagne et « ses instincts barbares ». L'empereur allemand avait un pouvoir immense; il était, en fait, un monarque absolu. Ni le Reichstag, ni le Bundesrath, ni les Parlements d'Etats ne le gênaient. Le cabinet de l'Empereur gouvernait l'armée, qui gouvernait la nation. Donc, tout se ramenait à la personne impériale, fruit magnifique de la discipline et de la force prussiennes.

'Mais dans ce fruit, si impressionnant à voir sur son espalier de parade, il y avait un ver :

Guillaume II mentait; il mentait aux autres, il se mentait à lui-même, et il mentait sans savoir qu'il mentait. Il vivait continuellement dans la fiction. C'était un acteur. Je l'ai laissé entendre, reprenant ce qui a été dit et qu'on ne saurait trop redire. Mais c'était le pire des acteurs : l'amateur, l'homme du monde qui joue la comédie — et le drame — et qui est tellement féru de ses petits talents qu'il devient plus acteur qu'un acteur, et qu'il est toujours, et dans tout et partout, en représentation.

Cette passion du théâtre est à la fois l'excuse et la condamnation de Guillaume II. Son excuse, car il entrait si bien dans la « peau » des personnages successifs qu'il faisait que, dans chacun d'eux, il était sincère. Sa condamnation, parce qu'un Roi, un Empereur doit être une Réalité, une Volonté, une Sagesse et qu'il ne fut rien de tout cela.

De lui-même, il était creux et sonore. On a énuméré ses multiples talents. Ils se ramenaient à un seul, néfaste : l'art de s'illusionner sur soi-même pour illusionner les autres. Sous ce vernis, le vide d'une âme sans critère, sans équilibre, à la merci de n'importe quelle flatterie, quelle impression, quelle circonstance. Et aussitôt, un discours, des opinions, une attitude, suivant le rôle du personnage à mettre en scène.

Au demeurant, le meilleur fils du monde. Car il n'était pas méchant. Il était pire : il était faible. C'est Chamfort, si j'ai bonne mémoire, qui a écrit que « les faibles sont l'avant-garde de l'armée des méchants ». Celui-ci a été l'éclaireur de l'avant-garde. Son état-major formait l'armée. Il s'était emparé de ce Jupiter tonnant qui avait peur du tonnerre, car ce soldat amateur était bien trop nerveux pour supporter le bruit de la bataille.

Dès que ses officiers l'eurent persuadé, pour le plus grand bien de leur avancement, de ses talents militaires et maritimes, il ne songea plus qu'à son rôle de *Weltkaiser*, et prépara la conquête de la terre.

Pris à leur propre piège, ses fidèles se grisèrent de la griserie qu'ils provoquaient. Le Cabinet de l'Empereur fut le théâtre d'une orgie continuelle de projets gigantesques. A Vienne, les imaginations s'enflammèrent. Le Berlin-Bagdad, la *Mittel-Europa* ravivaient le *Nach Osten* primitif. Toute une camarilla intéressée, d'ailleurs, aux bénéfices à venir de ces belles entreprises, le louait passionnément.

L'empereur François-Joseph, s'il avait eu encore quelque lueur de raison et de bonté, en 1914, aurait eu conscience des inconnues formidables des problèmes berlinois, et maintenu la paix, en refusant de mourir aux cris des victimes d'une guerre.

Guillaume II, abandonné à lui-même, déchaîna la barbarie en puissance dans tous les peuples ramenés à la férocité des combats.

Il manquait de fond, ai-je dit. C'était, en effet,

l'inconsistance même. A force de jouer mille personnages, il n'avait plus aucune personnalité.

Un homme n'est vraiment quelqu'un que par
son for intérieur, et non par une étiquette. Beaucoup
de sots et de malhonnêtes gens arrivent en place.
Intrigue, hasard, faveur, erreur humaine. Ils n'en
sont pas moins sots ou malhonnêtes, et c'est pour
cela que le monde va si mal.

Guillaume II avait beau prendre des airs che-
valeresques, il restait en lui-même grossier. On s'en
apercevait souvent à ses plaisanteries de corps de
garde.

Il était privé de tact et de jugement. De tact,
effet d'une adolescence adonnée aux beuveries
d'étudiant, à Bonn, et d'une jeunesse habituée des
Kasinos berlinois; de jugement, effet d'une vanité
native que tout devait développer, comme pour sa
perte et celle de l'Allemagne. Le vaniteux est l'être
qui se trompe le plus sur tout le monde, parce qu'il
commence par se tromper sur lui-même. Et c'est
ordinairement un « gaffeur ».

Guillaume II m'a dit, une fois, croyant m'adresser un compliment :

— Tu ferais un beau grenadier dans ma
garde !

Le compliment me sembla poméranien.

Si Guillaume II avait eu du tact et du jugement, il eût su avoir une politique autre que celle
de la menace, de la violence, et une diplomatie
bien différente de celle à fourberies, dont l'Allemagne, sous son règne, s'est trouvée affligée.

Incapable de juger son siècle, surchargé qu'il
était d'un traditionalisme prussien dont son zèle de
titulaire de l'emploi de roi de Prusse issu d'une
famille venue de la Souabe, en Brandebourg,
s'encombrait, il en était encore aux Chevaliers
Teutoniques, persuadé qu'il consolidait ainsi son
prestige. Le moyen âge a eu, sur lui, et, par lui,
sur toute l'Allemagne, une action désastreuse.

En outre des gares à créneaux et des bureaux
de poste à machicoulis, l'influence moyenâgeuse
ramenait l'Empereur-Roi et son peuple aux vieilles
haines, aux vieilles luttes, aux vieilles idées, comme
si le monde n'eût point changé. Le résultat était
que la science, les inventions, les découvertes
devaient premièrement servir l'industrie de la
guerre, la continuation des conquêtes, le *Faust-
recht* et toutes les folies que des militaires, des écrivains et journalistes militarisés, se sont attachés à
servir, y trouvant leur pain quotidien.

Cependant, les peuples rapprochés par le moyen
des communications et des échanges d'idées mul-

tipliés, commençaient à chercher dans des voies pacifiques les solutions qui, jusqu'ici, sont difficilement sorties du sentier de la guerre, c'est-à-dire la conservation et le développement de l'espèce humaine, sa meilleure répartition sur la terre et son accession à plus de bonheur et de justice.

Guillaume II manquait de fond, j'y reviens, parce qu'il manquait de morale. Non qu'il fût immoral. Sans avoir été un saint, il a très bien rempli son rôle d'époux et de père. C'était en tout un amateur zélé. Cependant, il manquait de morale parce que le luthérianisme d'attitude qui lui permettait de jouer le rôle de prédicant ne pouvait être une règle religieuse, seul lien des lois d'une morale. Ses homélies de *Summus Episcopus* ne faisaient pas qu'il fût humble, charitable et juste devant Dieu.

Contrairement à ce que l'on imagine, quand on n'a pas médité le problème religieux, le luthérianisme, le calvinisme ne sont pas une religion. Les belles âmes qu'on y rencontre seraient belles dans n'importe quel culte ou quelle absence de culte. Elles ont des beautés innées qui les rapprochent du divin. Mais un moment d'une religion ne saurait être une religion. Les schismes sont les accidents de la vie de l'Eglise. Une déchirure à un costume n'est jamais un costume. Au contraire!

Le luthérianisme, à l'origine, n'est pas un culte, c'est une révolte, et cette révolte fera toujours plus de révoltés que de croyants. Révolte contre Rome — *Los von Rom!* — Cri impie. Ce n'est pas seulement : « Délivrez-nous de Rome! » C'est : « Délivrez-nous de la civilisation chrétienne, de l'unification catholique, autrement dite universelle », — notre unique chance de paix sur la terre; c'est le reniement de la latinité et de l'hellénisme; c'est la régression de l'Europe centrale vers le Walhala scandinave. Ce n'est pas le monde qui s'ouvre, c'est le monde qui se ferme. Ce n'est pas la libre harmonie des gestes et des pensées parmi les hommes, c'est l'uniformité obligatoire du pas de parade, et du silence dans le rang! de la garde prussienne.

Si Guillaume II, responsable du viol de la neutralité de la Belgique, de l'incendie de Louvain, des massacres de Dinant et de tant d'autres atrocités, n'était pas mort pour moi, et qu'il me fût donné de le revoir, je lui dirais :

— Malheureux! As-tu jamais lu Gœthe? Peux-tu, un instant, supposer ce qu'il penserait de toi, celui qui a écrit : « Tout homme n'est grand

que par le ciel qu'il porte en lui-même ! » Toi, le
ciel, tu l'as vidé de Dieu avec le Luther de haine
et de négation qui a été le tien, et tu n'as porté
en toi que le néant. »

XII

LES HOLSTEIN

Je connus Augusta de Schlesvig-Holstein peu de temps après son mariage avec le Prince Guillaume de Prusse. Je la revis, plus tard, Impératrice d'Allemagne, à la cour de Berlin.

Il n'était pas facile de trouver grâce devant elle. Non qu'elle fût, de parti pris, méchante femme, mais son étroitesse d'esprit et ses prétentions à la perfection des vertus allemandes faisaient d'elle un juge exempt de bienveillance.

Pessimiste et rigoriste, tout occupée de ses devoirs domestiques et de sa recherche du dieu de Luther, qu'elle servait d'un zèle ennemi des autres dieux, sans la moindre idée de l'immense miséricorde et de l'infinie splendeur du vrai Dieu, elle entendait édifier l'Allemagne. Toujours sentimentale, l'Allemagne admirait de confiance cette épouse et cette mère, son mari et ses enfants qui formaient, de loin, une magnifique famille.

Mais jugeons l'arbre à ses fruits. Ici, point de drames intimes, nul conflit moral; tout semble se dérouler dans l'ordre et l'honneur. Or, aucun des enfants nés de l'union de Guillaume II et d'Augusta de Schlesvig-Holstein ne s'est signalé à la considération des hommes. Et, par pitié, je n'en dirai pas davantage.

J'ai connu l'ancienne cour de Berlin, celle de Guillaume Ier. Elle était patriarcale. La vieille impératrice Augusta, infirme, apparaissait corsetée, sanglée, installée sur un fauteuil que l'on menait aux salons impériaux jusque derrière un rideau qui, alors, s'ouvrait, et le cercle de cour se formait autour de Sa Majesté. Bienveillante, elle m'adressa la parole en bon français. Guillaume Ier allait de l'un à l'autre, simple et affable.

Le Kronprinz Frédéric donnait l'impression d'un être bon, noble, instruit, et sa femme, fille de la Reine Victoria, attirait par son naturel ouvert et souriant, et sa vive intelligence.

Le comte de Bismarck et le maréchal de Moltke étaient les deux figures à sensation de cette cour sans cérémonie. Ma jeunesse les examinait curieusement. M. de Bismarck faisait du bruit, parlait haut, et souvent avec une grosse gaieté. M. de Moltke ne disait rien. Il en était gênant. Ses yeux perçants suppléaient à ses paroles et, pour ma part, je n'eus aucune envie d'affronter ce sphynx.

Avec Guillaume II, la cour patriarcale de Guillaume Ier et la cour anglo-allemande et éphémère de Frédéric-le-Noble firent place à une cour d'un autre genre. La pompe des représentations officielles fut élargie et plus fréquente. Mais le nouvel empereur eut beau s'entourer d'un appareil guerrier, la seule présence d'Augusta de Schleswig-Holstein ramena toujours les cérémonies les plus solennelles de la dernière cour de Berlin à de banales grandeurs.

A cette époque, l'impératrice avait de la peine à s'habiller et se coiffer avec art. Il suffisait de la voir sur le trône pour qu'il fît l'effet d'un fauteuil bourgeois. Plus tard, elle eut meilleur goût.

Guillaume II étant venu à Vienne, fut reçu selon son rang. Je me parai du mieux que je pus pour lui faire honneur.

Si habitué qu'on fût à ses boutades, je ne m'attendais pas à l'entendre me dire, en français, qu'il parlait excellemment, jusque dans ses gallicismes les plus hardis :

— Où te fais-tu coiffer et habiller? A Paris?

— A Paris, quelquefois, à Vienne, généralement. Je suis la mode et compose mes toilettes à mon idée.

— Tu devrais choisir les chapeaux d'Augusta et l'aider, pour ses robes. La pauvre femme est toujours « fagotée comme l'as de pique ».

Voilà comment, pendant une assez longue période, l'Impératrice d'Allemagne s'est approvisionnée à Vienne, chez mes fournisseurs, de toilettes auxquelles j'ai collaboré.

Le chapitre des chapeaux était hérissé de difficultés, parce qu'elle a une de ces grosses têtes difficiles à coiffer.

Je réussis, paraît-il, à répondre au désir de son mari par ce petit service rendu à sa femme, qui m'en remerciait aimablement, quoiqu'il fût, au fond, de ceux que nous ne pardonnons pas qu'on nous rende.

Les Holstein, d'où venait l'Impératrice, avaient, comme on sait, perdu leur duché, jadis danois, et tombé aux mains de la Prusse.

Pour marier le prince qui devait être, un jour, Guillaume II, M. de Bismarck conseilla de lui donner Augusta de Schlesvig, nature calme, qu'il jugeait capable de compenser les emballements d'un jeune et ardent époux.

Cette union avait le mérite politique d'associer d'une autre façon que par le sabre les Holstein à la Maison de Berlin. Elle légitimait, aux yeux de l'Europe, la façon un peu brusque dont la Prusse s'était emparé de leur duché. Cela valait bien une dot qu'Augusta n'avait point.

La future impératrice, de haute taille et très blonde, n'était ni jolie ni laide, et plutôt jolie que laide. On vantait sa piété. Mais il est des vertus qui, si elles procèdent d'une erreur de base, peuvent se muer en défauts. Ce fut le cas de la ferveur d'Augusta de Schlesvig-Holstein qui, devenue impératrice, exalta dans son mari le prédicant, le *Summus Episcopus*, l'homme qui, manquant d'éclectisme, déraisonna promptement sur Rome, la civilisation chrétienne et la latinité. Or, il eût fallu le retenir, l'éclairer, le sortir de ses imaginations luthériennes, mélangées d'invocations à Wotan et au dieu Thor.

Autre chose, non moins grave; les Holstein, ruinés ou à peu près, étaient pressés de refaire leur fortune. Augusta devait y songer et, premièrement, établir son frère Gunther, qui menait la vie d'un officier allemand de grande maison, sans en avoir les ressources. Guillaume II arrangeait les choses, de temps en temps, mais il n'y mettait pas d'enthousiasme.

Nulle part, l'argent n'a plus d'importance que près des gens de cour. Sans lui, beaucoup ne seraient rien, parce qu'ils n'ont d'autre valeur que celle des fonds dont ils disposent.

Ce n'était pas le cas de Gunther de Schlesvig-Holstein. Il eut de l'intelligence et de la culture. On le vit, par la suite, montrer qu'il entendait les affaires. Il a présidé certains Congrès en homme capable de savoir et de dire.

Jeune officier, il n'avait pas encore laissé paraître ses dons pratiques. Il était nécessaire qu'il fît un beau mariage. Je l'avais vu à ses débuts dans la vie de cour, à des chasses, en Thuringe. Il n'était pas mal. Il demanda Dorothée. Je consentis.

Sa sœur poussait au mariage avec ma fille. L'idée en était venue, à Berlin, pour la même raison, encore plus forte, qui, vingt ans plus tôt, avait amené le prince de Cobourg à Bruxelles. La fortune du Roi était, à présent, incontestablement établie. On commençait à calculer ses rendements futurs, et à parler d'une valeur globale d'un milliard à partager, un jour, entre trois héritières! Ces perspectives éveillaient d'ardentes sympathies. Car, en ce temps-là, un milliard, c'était encore quelque chose.

Cependant, Dora était très jeune. A ce moment-là, son père et moi, nous en étions au chapitre douloureux de la rupture définitive probable. Je la voulais sans éclat. Ce n'est pas moi qui ai déchaîné les scandales.

Nous devions séjourner un an hors de Vienne. Nous partîmes pour la Riviera. Gunther de Holstein s'y rendit. De là, nous fûmes à Paris, où j'avais emmené ma maison. Ce fut ensuite un crime. On oubliait que le Prince, mon mari, tout le premier, en était. Ma maison était la sienne.

Sa compagnie, pour rare qu'elle fût, ne laissait pas que de m'être pénible, et je ne pense pas que la mienne lui fût agréable. Aux heures difficiles, je trouvais près de ma fille de constantes consolations. Sa mère était tout pour elle; mon enfant était tout pour moi. Au moins, Dora était mienne, et, son frère m'ayant depuis longtemps échappé, je la retenais, je la gardais, je la choyais de toute la force de ma tendresse.

Arrivée à ce point de l'histoire de l'union de ma fille avec un proche des Hohenzollern, et à l'influence que la cour de Berlin allait prendre sur Dora, et, ainsi, sur ma destinée, je ne peux me dérober au devoir de tirer d'entre les lignes de ces pages le chevalier d'idéal et de dévouement qui, après avoir assuré mon salut moral, avait renouvelé ma vie.

Je n'y contredis nullement : selon les règles ordinaires du monde, sa présence, alors, sur la Riviera, ou à Paris, heurtait des convenances traditionnelles, respectables.

Je ferai observer seulement qu'il ne faut juger de certaines situations que de la place qui leur est propre. S'il est vrai que, sur mes instances de femme désespérée dès qu'elle se sentait isolée et à la merci de l'homme qui était encore son mari, le comte Geza Mattachich se trouvait sur la Côte d'Azur en même temps que moi, et paraissait dans mon entourage à l'égal d'un chevalier d'honneur, comme il est d'usage près des Princesses royales, je prie de considérer que mon futur gendre le trouvait fort bon.

Cela suffit, je crois, à mettre au point les choses.

Gunther de Holstein s'adressait au comte, en toute estime et sympathie, et, par exemple, il le prit pour second dans une affaire d'honneur que son courtois envoyé eut la chance d'arranger.

Je ne voulais pas me séparer de ma fille avant son mariage, et surtout la laisser à Vienne dans ce palais Cobourg d'où j'étais partie en disant aux domestiques rassemblés, en larmes, sur mon passage, que je n'y rentrerais plus.

Je craignais l'influence de ce milieu, où mon malheureux fils fut, plus tard, perdu et mené, par l'inconduite, à finir ses jours atrocement. Affreuse punition de ses fautes et du parricide moral qu'il commit en reniant sa mère. Dora resterait donc près de moi.

Cependant, le duc de Holstein insistait pour qu'elle fût présentée à sa future famille. Il me donna sa parole d'honneur de la ramener, si je la laissais partir quelques jours, accompagnée de sa gouvernante. Je pris acte du serment, et je permis à Dora ce voyage.

Elle ne revint pas. On la retint loin de moi. Ce fut le début déclaré du complot dont les sombres péripéties allaient se précipiter.

Quand ma fille épousa Gunther de Schlesvig-Holstein, je l'appris par les journaux dans la maison de fous de Dœbling, à Vienne, où l'on venait de me jeter.

Le complot, ai-je dit. C'était, en effet, un complot, et le plus vil : celui de l'argent, dont ma fille, si jeune et abusée, ne pouvait rien comprendre.

Je n'étais pas folle, mais je le deviendrais,

sans doute, au voisinage des aliénés. La folie est contagieuse. Ma perte était donc résolue. Car, folle ou passant pour telle, c'est-à-dire interdite, mineure, je n'avais plus la capacité civile, et mes ayants-droit faisaient de mes biens ce qui leur convenait. Le Roi, devenu vieux, ne devait pas tarder à disparaître. On assurait que ses enfants auraient, pour leur compte, chacun environ trois cents millions. Pouvait-on me laisser hériter d'une pareille fortune que j'abandonnerais certainement à des mains ennemies, et qui serait dilapidée?

On ne s'étonnera donc pas que mon fils et le mari de ma fille, se soient trouvés d'accord avec le Prince de Cobourg qui avait, en outre, à se venger des sentiments qu'il m'inspirait.

De son côté, la vengeance ne pouvait se borner à moi-même. Elle devait atteindre et briser le comte Mattachich, exécré pour l'influence qu'on lui attribuait sur moi. Cette influence, comment la comprendre, sinon bassement? Car les gens voient certaines choses telles qu'ils sont. Des supériorités de cœurs, des élans d'âmes, des aspirations vers l'idéal échappent à leur misérable compréhension de la vie, et ils appellent infamie ce qui est sacrifice.

Je passerai rapidement sur ces hontes et douleurs, et n'en dirai que le nécessaire pour que la haute et pure figure du Comte, soldat qui pourrait, sans peur et sans reproche, comparaître devant un tribunal de soldats, soit enfin connue.

Ici, je me borne à déclarer que, dans le drame inouï des persécutions incessantes dont, jusqu'à la victoire de l'Entente, j'ai eu à souffrir depuis 1897, les maisons impériales de Berlin et de Vienne furent l'appui, la force, des divers attentats, pressions et violences, diffamations et calomnies qui auraient dû me perdre à jamais, si, d'instinct, l'opinion publique ne s'était révoltée.

Et elle ne savait rien du dessous des choses !

Fortifiée de sa sympathie, j'ai pu résister. La justice est lente, mais elle vient.

Je l'ai fait dire à Guillaume II, lorsque les principaux aliénistes autrichiens, se refusant à me reconnaître folle, on trouva enfin, en Allemagne, une maison de fous où m'enfermer pour toujours : « Complice du crime, tu en subiras le châtiment. »

Je songeais que l'homme qui s'associe au forfait de pousser une créature consciente dans l'abîme de la folie, devait être capable d'autres abominations. Je ne pouvais croire qu'il ne fût point puni.

C'est fait.

Le même coup a frappé la compagne de sa vie,

si dure aux fautes des autres, si intransigeante du haut de sa vertu antichrétienne. Elle seule, ennemie de son prochain, eût suffi à déchaîner la guerre, car le pire des esprits belliqueux est l'esprit d'intolérance.

On ne le sait pas assez : au fond, l'horrible conflit de 1914-1918 n'a été qu'un effet de l'impitoyable haine antihumaine de la Prusse luthérienne, dévorée de l'envie de dominer, de régir, d'opprimer.

La négation a fait la guerre. Seule, la croyance fera la paix.

Que la Belgique et la France le sachent bien : la Prusse tenait l'Allemagne, mais l'Allemagne ne l'aimait point.

On ne prendra l'Allemagne que par la confiance et l'affection.

Les catholiques, non moins généreux que les socialistes, sincères, quoique pour la plupart indifférents au divin, devraient donner l'exemple des rapprochements nécessaires. Les évêques auraient un grand rôle à jouer. Des Congrès religieux, des pèlerinages illustres pourraient être des lieux de rencontre.

Avant de mourir, je voudrais voir des Allemands, des Belges, des Français s'unir devant le même Dieu de bonté, dans une même foi et une même espérance et, par amour de sa Loi, échanger le baiser de paix.

XIII

LA COUR DE MUNICH
ET L'ANCIENNE ALLEMAGNE

Chaque fois que j'ai séjourné à la cour de Munich, j'ai regretté de ne pas avoir vu de près, jadis, Louis II. Quand j'aurais pu le connaître, il était déjà retiré dans ses rêves et ses châteaux.

Comme Rodolphe de Habsbourg, il fut saisi d'un intense mépris, non de l'humanité, mais de ceux qui la mènent. Il ne se réfugia pas dans le suicide, du moins volontaire. Il se créa un paradis d'art et de beauté, et prétendit s'y perdre au-dessus de ce qui le séparait de son peuple qu'il aimait et dont il était aimé.

Je l'ai entrevu une fois, passant dans le Parc de Munich, en carrosse de gala, précédé de piqueurs fastueux, et seul, très grand, immobile, derrière les glaces biseautées encadrées d'or.

Apparition étonnante, et que la foule saluait sans qu'il parût la voir.

Après lui, la cour, obligée à l'économie, adopta, sans peine d'ailleurs, une existence bourgeoise.

Le prince régent Luitpold me réjouissait par ses façons patriarcales. Je n'avais pas, alors, l'expérience d'un peu de politique et ne voyais guère que l'écorce des choses. La subordination impatiente de la Bavière à la Prusse, dont une Europe plus intelligente et moins divisée eût pu tirer tant de parti, m'échappait. Je ne considérais dans le Régent qu'un personnage des contes de Topfer.

Le meilleur de son temps, il le consacrait, même très vieux, aux exercices physiques. La chasse et le bain étaient ses grandes affaires. Il se baignait en toute saison et tous les jours dans un des grands étangs de sa propriété de Nynphenburg. Et, s'il ne chassait pas, il allait se promener. Pas le moindre apparat ne donnait l'idée de son rang. Je l'ai rencontré, un jour d'été, à Vienne, dans une des petites allées du Prater, derrière le Lusthaus, en manches de chemise, sa jaquette et son chapeau haut de forme accrochés au bout de sa grosse canne, passée sur son épaule. Il avait l'air, ainsi, plus heureux qu'un roi.

Son inséparable caniche, non moins embroussaillé et hérissé que lui, l'escortait. Ils avaient fini par se ressembler. A distance, un myope aurait pu prendre le chien pour le Régent de Bavière, et le Régent pour le chien.

Son fils et successeur, Louis III, hérita de ses goûts simples qu'il crut devoir encore simplifier. Mais l'excès en tout est un défaut. Son abus de la simplicité fut, à peu près, sa seule façon de marquer dans l'Histoire contemporaine. Elle ne garde pas le souvenir d'un roi de Bavière prenant conscience de la place que son pays aurait dû tenir, mais elle pourrait parler de son goût des habits démodés, des pantalons en accordéon, des bottines carrées à talons en caoutchouc, et des chaussettes effondrées par lesquels ce Souverain voulait être démocrate.

Il eût mieux fait de penser que le métier d'un roi est d'élever la rue au niveau du trône, et non de faire descendre le trône au niveau de la rue.

Il ne gagna pas d'être aimé à ses façons de mauvais goût. Vainement, il afficha l'amour de la bière, des grosses plaisanteries, des saucisses et du jeu de quilles. Les Bavarois se souvenaient de Louis II, à la fois bon et magnifique.

Le peuple est flatté quand un roi qui est un roi vient à lui; mais, s'il a l'air d'un charretier, il n'éprouve nulle fierté de le voir s'avancer sur le char de l'Etat changé en charrette.

La cour de Bavière, qui s'était un peu relevée avant 1914, tomba de Charybde en Scylla avec le Kronprinz de Munich jouant, ainsi que celui de Berlin, au foudre de guerre. Les Wittelsbach ont dû s'évanouir comme une fumée dans la défaite des ambitions prussiennes.

Il est permis de penser qu'ils seraient encore à Munich, s'ils avaient servi des ambitions bavaroises, légitimes, et jugé d'elles du point de vue exclusif des vrais besoins politiques et religieux de leur pays.

Il faut reconnaître, cependant, que les monarchies allemandes étaient très menacées. Ni la discipline rigide de Berlin, ni le laisser-aller amorphe de Munich et, entre ces deux extrêmes, les genres mixtes, ne pouvaient longtemps résister à l'anachronisme de formes usées, et qu'instinctivement les peuples repoussaient en donnant, chaque année, plus de voix au socialisme et au républicanisme.

Les rois allemands ont donc disparu. Il n'est pas impossible qu'ils reviennent, sinon les mêmes, d'autres peut-être, mieux adaptés. Les peuples n'ont qu'un nombre restreint de modes de gouvernement à leur disposition. La monarchie est celui qui leur plaît ou, plutôt, qu'ils supportent le plus souvent. Elle procède du principe familial, prince éternel. Le vrai roi est un père. La monarchie peut renaître en Allemagne et ailleurs, modifiée par le siècle et soumise aux contrôles nécessaires. Telle qu'elle restait dans les pays germaniques, son archaïsme la condamnait.

Seule, l'Eglise a le privilège de ne pas vieillir par un renouvellement constant des hommes dans une doctrine immuable. Les autres monarchies vieillissent par des hommes de même sang, de même nom, de même formation, et qui prétendent se perpétuer, identiques, dans le changement des idées. Quand ils tombent, épuisés, vient le temps d'une république. Mais parce que le principe familial est le fond même de l'existence de la société, et que la république favorise plus l'individu que la famille, la république est, à son tour, amenée à disparaître, et la monarchie reparaît. Ainsi va le monde.

L'Allemagne serait la première à le dire, si elle avait le moins du monde l'esprit philosophique. Une légende veut qu'elle l'ait, et rien n'est plus invincible qu'une légende. Mais, en vérité, il n'y a pas sur terre de peuple à la fois plus métaphysicien et moins philosophe, que le peuple allemand.

La métaphysique ne lui sert qu'à rêver et à prendre ses rêves pour des réalités. Elle ne le mène en rien à la clairvoyante sagesse. Il est allé, les yeux fermés, à l'abîme creusé sous ces pas par la Prusse impériale. Chaque cour, petite ou grande, se persuadait qu'à jamais Berlin et les Hohenzollern seraient les maîtres de l'heure.

Certaines monarchies à panache, pressées par le socialisme en veston, croyaient arriver à s'accommoder de la Sociale-Démocratie comme la Sociale-Démocratie s'accommoderait d'elles. On les voyait conserver imperturbablement leurs pompes traditionnelles. Telle était la petite cour de Tour et Taxis, à Regensburg, qui, sous ce rapport, était bien la plus pittoresque et la plus amusante que j'aie connue.

On y jouait aux quilles, mais en quel équipage! Nous étions au jeu en diadème et robe à traîne! Etiquette imprévue pour manier une énorme boule et la lancer. Plus d'un diadème chancelait et plus d'une joueuse gémissait dans ses soies, broderies et garnitures, sans parler du corset. Heureusement qu'alors, les étoffes avaient quelque importance et solidité. Si cela se passait en un temps où les femmes sont vêtues de transparences aussi écourtées que possible, que ne verrait-on pas?

Et qu'on ne pense pas que c'était par hasard que j'ai joué aux quilles en toilette de cour. C'était toujours ainsi. On allait à la partie en cortège, et précédé d'un maître de cérémonies.

Parce que ou quoique, ainsi que dit quelque part Victor Hugo, c'était très drôle.

La vie ne manquait pas d'agrément à Regensburg. Le Prince et la Princesse recevaient avec faste. Le palais y prêtait, superbe, meublé royalement, et entouré de jardins tenus avec amour. La cuisine égalait celle de Ferdinand de Bulgarie. Et l'amusant, c'était, partout, un cérémonial suranné, mais si bien réglé que l'on arrivait vite à oublier certaines outrances pour ne plus sentir que la beauté d'une sorte de rythme et d'arrangement où revivait la dignité des temps passés.

On allait aux courses en calèches d'apparat, excellemment attelées, précédées de piqueurs brillants. Le comte de Staufferberg, chef des écuries, ancien officier autrichien, cavalcadait autour de la voiture princière, et les gentilshommes du service étaient si empressés que, si l'on eût manqué de marchepied pour descendre de carrosse, tous auraient voulu galamment y suppléer de leur personne.

Si nous allions au théâtre, c'était en toilette, et

précédés de porteurs de flambeaux, jusque dans la loge princière.

Une telle étiquette obligeait à être constamment en représentation. Mais cela plaisait au Prince et à sa femme; ils ne vivaient que pour continuer les siècles abolis.

La princesse Marguerite de Tour et Taxis, archiduchesse d'Autriche, avait, dit-on, un faux air de Marie-Antoinette. Or, le Prince, inspiré par la ressemblance accordée à sa femme, voulut offrir à celle-ci une parure qui aurait appartenu à l'infortunée reine de France. Il la trouva, et la Princesse la portait. J'aurais craint qu'il y fût resté quelque chose de funeste. Mais on n'avait point de ces superstitions à la cour de Tour et Taxis. On voyait l'avenir en rose, et, pour accorder le visage de la Princesse à sa parure, on fit venir de Paris, à l'occasion d'un bal de Cour, le fameux Lenthéric qui coiffa la Princesse *à la frégate*, et la transforma en une quasi Marie-Antoinette que l'on eût été bien fâché de voir partir pour l'échafaud.

Ce supplice, lorsque souffla le vent de la tempête révolutionnaire en Allemagne, fut épargné aux princes renversés. Ils partirent pour l'étranger, et non pour l'échafaud.

La Germanie, livrée à elle-même et non plus

grisée par Berlin, n'a massacré aucun de ses souverains d'hier. Et ceci, en toute justice, devrait donner à réfléchir à beaucoup de ceux qui en parlent sans la connaître.

*****

Dans le petit duché de Saxe-Cobourg et Gotha, la vie était différente de celle de la cour de Tour et Taxis. Elle unissait l'art au naturel. Point de cortèges à effet, ni d'étiquette étudiée. Simplement une tenue aimable et distinguée qui était au goût de ce Prince allemand de haute et humaine culture, mon oncle, le duc régnant Ernest II, dont j'ai déjà dit combien il fut bon pour moi.

Il me gâtait sans se lasser et voulait que je fusse, chez lui, la reine. Son affection ne varia jamais. Près du duc et de la duchesse, ma tante, très affectueuse, j'ai oublié souvent les tristesses de mon mariage.

Les chasses au cerf dans cette belle Thuringe, à travers les forêts de sapins et de hêtres, étaient pour moi un plaisir enivrant.

Je suivais le duc, beau chasseur et beau cavalier auquel l'âge ne pesait pas. Souvent, dans la montagne, j'étais portée par une mulè blanche, et le duc s'exclamait sur la tache de couleur que faisaient, dans le paysage agreste, la bête et l'amazone.

Le soir, on dînait, par beau temps d'été, sous de grands arbres éclairés de lumières heureusement distribuées. J'étais ordinairement vêtue d'une robe claire, pour la joie du duc qui voulait me voir parée d'une guirlande de fleurs qu'il faisait préparer chaque jour, délicat hommage du plus courtois des oncles.

Chez la Duchesse Marie, je vécus aussi à la Rosenan des heures gaies et charmantes. Ses filles étaient exquises. Quelle radieuse apparition que celle de la Princesse Marie, aujourd'hui reine de Roumanie! On ne pouvait l'oublier, ne l'eût-on vue qu'une fois.

Cobourg, berceau d'une famille qui a donné tant de rois et de reines, de princes et de princesses royales et impériales, voyait fréquemment s'y réunir les générations vivantes.

Un mariage, des fiançailles, ou, simplement, l'époque des vacances, les ramenaient au pays d'origine. Jeunes et vieux étaient heureux de s'y retrouver entre soi et d'oublier, ceux-ci les obligations de leurs charges, ceux-là le fardeau des études.

Parmi les gens d'âge raisonnable, chacun, alors, tendait à être lui-même et à s'égaler au commun des mortels.

L'attrait d'une existence normale est très vif sur ceux qui en sont privés par leurs fonctions et les devoirs de la représentation. Le public se fait ordinairement une fausse idée des personnes royales. Il les croit différentes de ce qu'il est, alors qu'elles aspirent à être « comme tout le monde ».

Sans doute, on rencontre des princes tels que Guillaume II, qui arrivent à s'imaginer qu'ils sont d'une autre essence que le reste de l'humanité. Ils ont perdu la tête à force de prendre des poses devant leur glace, et d'être encensés de flatteries. Mais ces déformations sont accidentelles. Le malade qui en est atteint serait tout aussi fou, peut-être, dans n'importe quelle condition. Il est vrai que sa maladie n'aurait pas les mêmes conséquences sociales. Aussi la monarchie sera-t-elle de plus en plus entourée de contrôles, et limitée à une fonction symbolique, nécessaire, d'ailleurs, puisqu'elle grandit l'homme par l'homme. Elle pourra être excellente, efficace, étendue, si le Prince est quelqu'un; médiocre et sans grave effet, s'il n'est que quelque chose. Après lui, un autre, meilleur peut-être. Au fond, tout est loterie; et le suffrage universel et le choix des assemblées ne sont pas moins aveugles que le sort.

Je vis de près, à Cobourg, l'Impératrice Frédéric, déçue dans ses ambitions, grande dans son isolement. Elle regardait la couronne royale et impériale de Prusse et d'Allemagne passée si tôt sur la tête de son fils d'un œil qui ne semblait pas se faire d'illusions. L'égoïsme et la vanité du personnage l'incitaient à craindre plus qu'à espérer. Et quelle pitié dans ses yeux arrêtés sur la médiocrité de sa belle-fille!

Les Romanow et leurs proches étaient des fidèles de Cobourg. Les Grands-Ducs, frères de la Duchesse Marie, ses belles-sœurs les Grandes-Duchesses Wladimir et Serge, toutes deux belles, quoique différemment, apportaient les échos de cette fastueuse et complexe cour de Russie, cour asiate et que j'ai tôt sentie à mille lieues et mille ans de la compréhension du siècle.

Entre autres cérémonies mémorables, dont je fus témoin au berceau familial, j'ai gardé souvenir du mariage du Grand-Duc de Hesse avec la Princesse Mélita, qui fut, plus tard, la Grande-Duchesse Cyrille. Le bonheur semblait de la fête.

On avait invité l'Amour, hôte rare des unions princières.

Je n'en dirai pas autant des fiançailles du pauvre « Niki » avec Alice de Hesse, célébrées aussi à Cobourg.

Celui qui devait être le Tzar Nicolas II parut triste, timide, craintif, insignifiant, tout au moins du point de vue mondain. Sa fiancée était lointaine, absorbée, concentrée. Elle inquiétait déjà son entourage par son penchant au rêve et à l'étrangeté.

Elle avait remplacé la Princesse Béatrice, mariée au Prince Henri de Battemberg, auprès de la Reine Victoria, comme lectrice et compagne de prédilection. La souveraine voulut pour elle le trône de Russie et fit le mariage dont je vis les fiançailles. La vieille reine les présidait. Elles furent sans gaieté. Si quelque joie sembla, par moments, y régner, ce fut une joie forcée, factice. On sentait comme un poids peser sur l'assistance. Mystérieux avis du Destin.

XIV

LA REINE VICTORIA

Puis-je nommer la Reine Victoria sans me souvenir que le Prince de Cobourg et moi, nous fûmes maintes fois les hôtes de notre tante et cousine? Des plus hospitalières, elle se plaisait à la vie de famille, et rassemblait autour d'elle autant de parents qu'elle le pouvait, et de préférence les Cobourg, d'où était venu feu le Prince Consort.

Quoique de très petite taille, douée d'un embonpoint plutôt déformant, le visage fort coloré, elle avait grande allure quand elle faisait son entrée, soutenue par un des superbes Indiens de son service personnel. Le plus souvent, elle tenait, par maintien, un mouchoir blanc, toujours arrangé de sorte que les bouts pendaient, dentelés. Elle était, en général, vêtue d'une robe de soie noire à petite traîne, décolletée en pointe. Elle portait au cou, en médaillon, le portrait du Prince, mari inoublié; sur la tête, le bonnet de veuve, en crêpe blanc; rarement des gants. Dans les grands jours, le *Ko-hinor*, ce diamant merveilleux, trésor des trésors de l'Inde, brillait de mille feux au-dessus du bonnet.

Elle ne laissait pas que d'impressionner, tant elle était expressive de gestes, de ton, de regard. Son nez avait des façons de frémir qui révélaient ses pensées. Et que dirai-je du regard bleu et froid qu'elle promenait sur le cercle familial formé autour d'elle? Le moindre défaut de toilette, le moindre manque à l'étiquette était immédiatement remarqué. L'observation ou la réprimande suivait aussitôt, adressée d'un air et d'une voix qui ne toléraient aucune réplique. A ce moment, le nez se plissait, les lèvres se pinçaient, le visage se colorait davantage, et toute la personne royale semblait agitée de mécontentement.

L'orage passé, la Reine retrouvait son aimable sourire, comme si elle eût voulu faire oublier sa vivacité.

En arrivant ou en partant, elle saluait à la ronde, d'un petit signe de tête protecteur.

J'eus le malheur, parfois, de lui déplaire.

Elle détestait les cheveux bouclés en franges cachant le front. On se souvient de cette mode peu seyante, je l'avoue. Mais je m'y étais conformée. La Mode est la Mode. Cette coiffure agaçant la Reine, elle me dit, un jour : « Tu devrais arranger tes cheveux autrement, et d'une manière plus princesse. »

Elle avait raison. Malheureusement, le Prince de Cobourg ne goûtait pas non plus cette coiffure, et fut témoin de l'observation de notre tante. Celle-ci lui aurait donné le *Ko-hi-nor* qu'il n'aurait pas été plus satisfait. Je fus aussitôt gratifiée d'une algarade qui eut pour résultat de me décider à ne point tenir compte du reproche de la Reine. Mes cheveux irrités demeurèrent en franges bouclées sur mon front.

A Windsor, comme à l'île de Wight, à la belle saison, la Reine sortait en voiture vers six heures du soir, et par tous les temps. Nous étions généralement admis à l'honneur de l'accompagner.

Il fallait quelquefois attendre longtemps, dans un salon voisin de l'appartement royal. Enfin, précédant la Reine, le *plaid* sur le bras, le flacon de wisky en bandoulière, paraissait John Brown, le fidèle Écossais qui tint une place considérable dans la gazette de la cour et de toutes les cours, à la partie du feuilleton qui ne s'imprime pas.

Il ouvrait la marche, et montait dans le break, attelé de deux gris pommelés, et la promenade, qui devait durer environ deux heures, commençait.

La nuit venant, John Brown se trémoussait sur le siège. Il se retournait fréquemment pour essayer d'obtenir de la Reine l'ordre du retour. Etait-ce la crainte des rhumatismes, ou celle de quelque refroidissement qui, malgré le réconfort du wisky, eût compromis sa santé, et l'eût empêché de remplir ses devoirs envers la Reine? Je n'en sais rien. J'ai remarqué seulement que John Brown n'aimait pas les promenades au crépuscule, par temps humide. Elles le rendaient de méchante humeur. Il ne se gênait pas pour le laisser voir; il ne se gênait en rien, du reste.

Il arrivait que les enfants de la Reine eux-mêmes en savaient quelque chose.

Il advint au Prince de Galles, qui devait être le grand Roi Edouard VII, de souhaiter d'être introduit chez sa mère à une heure où il n'était pas annoncé. John Brown entr'ouvrit la porte de l'appartement et dit simplement : « *Not allowed, Sir.* »

Si, dans l'intimité de sa vie, la Reine Victoria

eut, comme toute créature humaine, ses moments de liberté, elle n'en fut pas moins une grande souveraine et une haute figure. Son Jubilé, célébré avec l'éclat dont mes contemporains se souviennent, montra la place qu'elle occupait dans le monde. La procession dans Londres, au milieu d'un peuple en délire, la chevauchée des rois, des princes, des rajahs indiens et autres sujets des Dominions, dans leurs resplendissants costumes constellés de pierreries, fut un spectacle digne d'un conte des « Mille et une Nuits ».

On ne reverra sans doute jamais cela. Jamais plus les hommes ne sauront s'honorer en honorant le pouvoir humain, comme ils le firent alors, exaltant une femme qui avait su incarner si noblement le passé, le présent, l'avenir du Royaume-Uni, des Indes et possessions d'Outre-Mer.

Qu'on ne dise point : Vanité des vanités! Les pompes ont leurs raisons d'être. Une société sans théocratie, aristocratie, et apparat proportionné à ces institutions, est une société qui meurt. Il faudra toujours en revenir aux équivalences de souveraineté, de cour et de divinité, sans quoi l'édifice social, découronné, ne sera qu'une grange ou une ruine.

Ce fut à l'occasion d'une des grandes fêtes du

Jubilé, que, selon ma fâcheuse et incorrigible habitude, j'arrivai en retard pour prendre rang dans le cortège royal. Je confesse que, souvent, je faisais exprès de me faire attendre, parce que cela vexait le Prince de Cobourg qui, avant toutes choses, commençait par prédire que je ne serais pas à l'heure.

Les femmes qui me lisent savent comme il est difficile, parfois, d'être en toilette de cérémonie, juste à la minute dite. Les hommes ne comprendront jamais cela !

J'avoue que, dans cette circonstance, j'aurais dû prendre mieux mes dispositions, et calculer plus exactement. Je ne voulais pas être en faute. La cérémonie exigeait que, pour la formation du cortège, personne ne manquât. Quoique, par mon mariage, mon rang et ma place fussent vers la fin, tout un parterre de rois et de reines dut m'attendre.

Lorsque j'entrai, j'étais d'une extrême confusion. Mais c'était l'époque où je me savais belle et admirée. Je vis que tous les yeux, tournés vers moi, n'exprimaient pas que la sympathie. Les regards féminins étaient irrités; heureusement, les regards masculins, d'abord sévères, ne tardèrent pas à s'adoucir. Je fus comme éblouie devant ces soleils terrestres.

Mais il ne s'agissait point de chanceler. Il fallait, au contraire, tirer avantage de la situation. Le silence et l'immobilité s'étaient faits, dans l'assistance, attentive à l'apparition de la coupable qui faisait attendre la Reine d'Angleterre et son illustre suite. Je sentis que mon entrée devait être de celles qui ne réussissent guère qu'une fois dans la vie.

Je pris mon temps, et mis toutes les grâces dont je pouvais disposer dans ma révérence et mon salut de cour.

Quand je vins baiser la main de ma mère, celle-ci, heureuse du murmure flatteur qui avait suivi ma façon de me faire pardonner, me dit, en m'attirant à elle : « Tu étais faite pour être Reine »...

Je sens une larme furtive monter du cœur à mes yeux. Etrange nature que la nôtre! Lorsqu'on a vu le jour sur les marches d'un trône, on a besoin de ces succès, de ces hommages, de ces ovations. On en garde non seulement le souvenir, mais l'appétit — et le regret!

XV

LE DRAME DE MA CAPTIVITÉ
ET MON EXISTENCE DE PRISONNIÈRE

LE DÉBUT DU SUPPLICE

Mes malheurs, hélas! sont connus du public de tous les pays. Mais ce n'est pas sur moi qu'ils pèsent le plus.

La calomnie et la persécution, servis par des moyens puissants, ont eu beau multiplier leurs coups, une vérité, au moins, s'est fait jour :

Je ne fus point, je ne suis pas folle, et ceux qui ont voulu que je le fusse en ont été pour leur honte, et, je l'espère, leur remords.

— Cependant, a-t-on dit, la Princesse est étrange.

D'autres, mieux informés, ont précisé :

— Elle est faible d'esprit.

Pas même, s'il plaît à Dieu!

On objecte mes « dépenses », mes « prodigalités », mes « dettes », et mon « abandon à mon entourage de mes intérêts et de ma volonté ».

Raisonnons, en passant, ces « étrangetés » et ces « faiblesses ».

Il est parfaitement exact qu'à certains moments, j'ai fait des dépenses exagérées. J'ai dit et je répète que c'était un moyen de me revancher des contraintes et petitesses d'une avarice oppressive.

Certaine, ainsi que je l'ai indiqué, que dans l'ordre naturel des choses, une fortune considérable devait me revenir, j'ai cédé aux offres, pour ne pas dire aux assauts de la tentation.

On a parlé de sommes fantastiques. Je calcule que je n'ai pas dépensé dix millions depuis 1897, époque du début déclaré de mon effort de libération

On a donné des chiffres supérieurs, mais il faut faire la part des exagérations des spéculateurs et usuriers qui sont venus, envoyés souvent par mes ennemis, pour servir leur thèse, et témoigner de mes « folies », après m'avoir doucereusement vendu des crocodiles empaillés.

On connaît l'histoire édifiante de ce créancier allemand soutenant, à Bruxelles, devant les arbitres chargés de payer mes dettes sur des fonds provenant de la succession du Roi, une réclamation de sept millions de marks ramenés à zéro après enquête et vérification de ce qu'il prêta réellement et reçut par la suite.

Si je m'abaissais à écrire l'histoire des manœuvres de toute sorte, imaginées contre mon indépendance, et tendant à me rejeter dans l'impossibilité d'être et d'agir, on dirait : « Ce n'est pas possible; c'est du roman ! »

Les romans les plus invraisemblables, on ne les publie jamais. La vie seule se charge de les faire.

Qu'on veuille bien réfléchir; je devais opter : ou l'esclavage, ou l'emprisonnement parmi les fous; ou bien la fuite et, par elle, la défense.

J'ai fui et je me suis défendue. Mais alors, afin de me reprendre et de m'abattre, on m'a d'abord réduite à la portion congrue, puis on m'a coupé les vivres.

J'avais perdu la meilleure des mères; le Roi, trompé, irrité du reste, parce que, plus politique que je ne l'étais, il mettait, en ce qui me concerne, les apparences de la correction au-dessus des réalités de la conscience, le Roi se désintéressait du sort cruel fait à sa fille aînée.

Dès mon internement, mes sœurs et le reste de ma famille avaient eu plus d'une raison de se régler sur le Roi. Je me vis donc oubliée des miens, qui commettaient cette faute de négliger, pendant des années, de m'aller voir dans ma maison de santé.

Ou j'étais malade, ou je ne l'étais pas! Et m'abandonner, c'était laisser voir que je ne l'étais pas...

La presse finit par s'indigner. Alors, on vint. Oh! bien rarement. C'était si pénible et si embarrassant — pas pour moi!

Quand je m'évadai, la pitié affectée fit place à une colère sincère...

Il fallait pourtant que je vive et que je reconnaisse dans la mesure du possible les services qui m'étaient rendus. Enfin, je fus obligée de plaider. Nouveau crime.

Ah! ce n'est pas de m'être révoltée contre un mari et contre un mariage devenus impossibles, qu'on m'en a voulu... Serais-je par hasard la première?... C'est d'avoir montré cet esprit déplorable que le monde ne pardonne guère : l'esprit combatif, l'esprit de résistance.

Une femme qui se défend — mal, je le veux

bien; les arcanes de la procédure et les dessous des affaires m'ont toujours échappé — mais qui se défend tout de même, infatigablement, pour le principe, pour l'honneur, pour le droit, cette femme est détestable. Elle veut avoir raison, contre les autorités établies; elle fait scandale. Elle crie : « Je ne suis pas folle! » Elle crie : « On m'a volée! » C'est une peste!

Ordinairement, les gens bien élevés qu'on enferme et qu'on dépouille ne font pas tant de bruit. Quoi! Une Altesse, une fille de Roi, une femme de Prince qui ne veut être ni démente, ni dupe!

Si elle avait en quoi que ce soit de la mesure, elle ne ferait point parler d'elle. Elle serait encore sous les tilleuls de Lindenhof; et puisqu'elle veut écrire, elle écrirait un livre à la gloire de la justice humaine, en Belgique et ailleurs.

Grand merci! J'ai ma conscience pour moi. Je n'en démordrai pas. Je peux mourir, méconnue, diffamée, dépouillée : mon ultime parole sera pour protester.

Ce qu'on me reproche serait à refaire, je le referais. Je n'ai nulle honte de mes « prodigalités » passées.

Grâce à Dieu, mes «victimes» sont toujours rentrées dans leur argent, avantageusement pour elles.

Je m'estimerais déshonorée si j'avais fait perdre quoi que ce soit de vraiment dû à qui que ce soit. Même les crocodiles, qui n'étaient pas de l'époque antédiluvienne, et par trop démesurés, je ne les ai pas reniés.

Cela dit de mes dépenses, arrivons à ce prétendu abandon de ma fortune et de ma volonté à mon entourage.

Qu'on ne s'y trompe pas : la diffamation a visé une seule personne, toujours la même, celle à laquelle j'ai voué ma vie comme elle me voua la sienne. Ses ennemis lui ont prêté les mobiles dont ils étaient animés. Ils n'ont pas voulu voir, ils ont nié qu'elle fût, par sa grandeur d'âme, au-dessus des misérables calculs de l'intérêt. En vain elle a jeté dans le gouffre creusé sous nos pas tout ce qu'elle était, tout ce qu'elle avait, tout ce qu'elle pouvait avoir. Ce sublime renoncement, la haine l'a étouffé sous ses hideuses inventions

O noble ami, que n'a-t-elle pas dit de vous, la bête hurlante et monstrueuse ?

Sans doute, pas plus que moi, vous n'étiez de taille à lutter contre les financiers qui dupent, les gens de loi qui trompent, les amis qui trahissent. Mais prétendre de vous, ou de n'importe qui, que l'on a pesé sur ma volonté, égaré mes pas, faussé mes actes... Ah! c'est absurde encore plus qu'infâme.

Comment! J'aurais eu, j'aurais toujours une force de résistance qui a tout sacrifié à un idéal d'honneur et de liberté, et je serais, hors de cela, une poupée dont on joue, une girouette au vent!

Toute de conscience pour l'essentiel de la dignité humaine, je serais l'inconscience en personne pour ce qui est secondaire?

N'est-ce pas insensé!

Mais laissons cela, et résumons, en les éclairant de lueurs nouvelles, les incroyables attentats d'une haine que rien n'a pu désarmer, jusqu'au jour où une autre justice que celle des hommes, jetant bas d'un tournemain des trônes indignement occupés, m'a sauvée des persécutions dont j'étais l'objet.

A la veille même de leur chute, la monarchie allemande et la monarchie austro-hongroise se croyaient encore tout permis. Les iniquités dont j'ai souffert ne sont qu'un exemple de ce qu'elles osaient faire. Que de crimes, à leur actif, demeurés ignorés! Et quelle corruption à leur contact!

On sait le début des intrigues où j'ai succombé.

J'étais à Nice avec ma fille. Celle-ci, mon espoir et ma consolation, me fut enlevée, comme je l'ai dit, par son fiancé liant partie avec le Prince de Cobourg, au mépris de la parole qu'il m'avait donnée.

Le Prince sentait que j'allais lui échapper définitivement, et, avec moi, la fortune à venir du Roi.

Je divorcerais, pensait-il; je me remarierais.

Divorcer, j'y songeais. Il a bien fallu y venir plus tard. Mais si je ne pouvais m'empêcher de me libérer de ce qui fut promis à un homme, quand, de lui-même, il avait détruit les raisons qui avaient été la base du serment prononcé, j'hésitais à me libérer de ce qui fut juré à Dieu, invisible et muet et qui ne corrompt, ni ne trompe, ni ne persécute.

L'indissolubilité du mariage est une chose; la dissolubilité des liens de la chair en est une autre. Plus j'ai vécu, plus j'ai pensé que le divorce est un fléau. Il faudrait avoir le courage d'admettre que les cas individuels ne sont rien; seul compte l'intérêt de la collectivité. Tant vaut le mariage, tant vaut la société. On a fait du mariage quelque chose de fragile, la société tombe en morceaux. L'Eglise a donc raison. Mais qui de nous ne chancelle et ne méconnaît que la règle divine est essentiellement une règle humaine?

Le comte venait de recevoir, à Nice, les témoins du Prince de Cobourg que la cour de François-

Joseph avait décidé à ce cartel. Le duel mit en présence les deux adversaires, à Vienne, au manège de cavalerie, en février 1898. Le lieutenant tira par deux fois en l'air et, par deux fois, le général tira sur le lieutenant. On passa au sabre. Le lieutenant continua de ménager le général, et le toucha d'un coup léger à la main droite.

Il renforça ainsi les sentiments que le Prince pouvait avoir à son égard. Trois semaines plus tard, on l'impliqua dans cette abominable histoire de fausses lettres de change, inventée de toutes pièces, et dont le Reichsrat, par la suite, devait faire bonne justice.

Le jugement — inouï! — qui prétendit déshonorer le plus noble des hommes n'eût pu être prononcé, si mon témoignage avait été retenu.

Mais on s'empressa de m'enfermer. Ma déposition fut étouffée, et le Comte, condamné!

Un homme vit encore, silencieux et caché, et qui, si je calcule bien, a soixante-quinze ans révolus, quand j'écris ces lignes qu'il pourra lire, si elles voient le jour avant qu'il disparaisse de ce monde.

Dans l'instant où mon souvenir l'évoque au seuil des maisons de fous où sa haine me jeta, au seuil des prisons où elle fit enfermer le comte Geza

Mattachich, qu'il sache que ses victimes lui ont pardonné.

Elles pourraient, aujourd'hui, lui demander des comptes devant la justice autrichienne, affranchie des contraintes d'antan. Elles l'épargnent. Que le juge Celui qui nous jugera tous.

Je ne sais même plus quels furent les instruments de sa vengeance.

On m'a montré, dans Vienne, il n'y a pas long-temps, un pauvre être, aux trois quarts aveugle, penché vers le tombeau, et l'on a murmuré à mon oreille le nom de l'avocat juif, réprouvé par tout ce qui est estimable dans Israël, en Autriche, et qui fut l'agent, l'instigateur, le conseil de l'impla-cable fureur acharnée à ma perte.

J'ai détourné les yeux en pensant que ce même personnage, obstiné dans son système de rigueurs policières au service de l'abus de pouvoir, avait armé le bras de la femme qui tua mon fils...

Et bouleversée, je me suis demandée :

— Ont-ils compris?

Oui, peut-être. Ils ne sont plus, sans doute, ce qu'ils étaient. La vie aussi a dû les changer.

Peuvent-ils, sans angoisse de demain, se remé-morer hier?

Candides, nous avions pris la fuite devant eux.

Je m'imaginais trop vite qu'ils pouvaient nous faire arrêter! Je croyais sur parole des émissaires à la solde du Prince. Nous étions en France, où je ne risquais rien. Je voulus partir pour l'Angleterre, et demander aide et protection à la Reine Victoria, qui m'avait donné tant de marques d'affection.

Ma fidèle dame d'honneur, la comtesse Fugger, partageait mes craintes et mes voyages précipités.

A peine à Londres, nous recevons de mystérieux avis de prétendus amis : il faut repartir sur l'heure, ou nous sommes perdus, le comte et moi... Et nous repartons, sans que je cherche à rejoindre la Reine, avec qui nous venions de nous croiser, car, au même moment, elle se dirigeait vers le Midi de la France.

Nous n'étions pas faits pour être des criminels. Ils sont plus résistants.

Traqués par notre propre imagination trop crédule, nous pensâmes alors à trouver un asile près de la mère du Comte, au château de Lobor.

On n'a jamais compris pourquoi et comment j'avais pu me rendre en Croatie, chez la comtesse Keglevich.

Son second mari, père adoptif du Comte Geza Mattachich, était membre de la chambre des Magnats de Hongrie, député et ami du ban de Croatie.

Je me persuadais que l'on n'oserait pas m'enlever sous son toit.

Notre aventure avait pris les proportions d'un événement mondial. Les journaux de la terre entière en parlaient. Le duel avait mis le comble à cette publicité terrible. Et comme encore la calomnie et ses manœuvres n'avaient pas eu d'effet, nous étions des personnages romanesques dont la sincérité désarmait les rigueurs de la critique et ralliait les sympathies du sentiment.

Quand je pense que j'ai été, ensuite, taxée de duplicité, je ne peux m'empêcher de sourire. On citerait peu de cas d'une franchise d'existence plus établie que la mienne. Je n'ai jamais dissimulé aux miens quel effort exigeait ma vie avec mon mari, et quand j'ai été à bout de forces, je n'ai pas fait mystère du secours que je trouvais en un sauveur chevaleresque, placé providentiellement sur mon chemin.

Mais le monde ne pardonne pas à ceux qui ne veulent point porter de masque, et qui ne cachent pas leur cœur.

Tant de gens ont à dissimuler ce que le leur contient! Mais nous, mais moi... En vérité, où est le crime?

Je peux mourir tout à l'heure; je n'ai pas peur de la justice de Dieu.

Forts de notre commune loyauté, naïvement persuadés qu'en France, en Angleterre, en Allemagne et autre part encore nous serions en danger, avertis du reste que l'on voulait me mettre dans une maison de fous — dès Nice, Gunther de Holstein m'avait prévenue, et parlait de me faire protéger par son tout puissant beau-frère... Inoubliable comédie! — nous arrivions en Croatie avec la certitude que, sous le toit des Keglevich, je serais en sûreté.

Le comte me confierait à ses parents pour le temps qu'exigerait le règlement de ma séparation d'avec le prince de Cobourg. Le bruit s'apaiserait. L'opinion publique était pour moi, et, premièrement, celle d'Agram, où le comte et les siens jouissaient de l'affection générale. A Vienne, la camarilla ennemie désarmerait. Nous ne serions plus, bientôt, que deux créatures semblables à tant d'autres : celle-ci meurtrie par ses fers brisés; celle-là secourable. Et de ce malheur et de ce dévouement, peut-être qu'un jour le temps ferait un bonheur régulier.

O rêves, ô espérances, nous sommes votre jouet. La lourde réalité surgit et nous déchire.

15

Nous n'avions pas prévu la trame ourdie contre nous, et quelle odieuse accusation viserait le comte.

En un instant, son beau-père, très connu à la cour, influent d'ailleurs, fut détaché de nous. Apparemment on lui fit confidence du crime imputé à son beau-fils, et la diffamation lui en imposa.

Cette explication de son revirement est la plus indulgente qu'il me soit permis de faire.

L'appui du comte Keglevich nous manquant, la comtesse, prise entre son fils et son mari, était dans une situation poignante.

Et nos ennemis avaient le champ libre à Agram.

Cependant, deux partis se formèrent : d'un côté, les étudiants et les paysans prirent fait et cause pour nous; de l'autre, se rangèrent la police et les autorités. Vienne sut qu'une espèce de révolution locale groupait en notre faveur des partisans.

Dès l'instant que la cour pensa que nous avions l'appui de la jeunesse et des campagnes, elle fut effrayée et livra notre tête. L'avocat du Prince, cet homme que je ne saurais nommer, put se faire délivrer plein pouvoir. L'Empereur consentit à le laisser agir à sa guise. Il eut en poche de véritables lettres de cachets.

Je dois dire, à la décharge de François-Joseph,

qu'on lui certifia que le comte voulait me tuer. A quoi, le Souverain aurait répondu :

— Je ne veux pas d'un second Mayerling. Qu'on fasse ce qu'il faudra.

Le Prince et ses créatures ne manquaient pas d'invention. Leurs mesures furent très bien prises et leur machination bien conduite. Un train spécial attendait en gare d'Agram celle qui devait être *déclarée* folle par raison d'Etat, et une cellule de la prison militaire était prête pour celui qui serait *fait* criminel aux yeux du monde.

Toute l'Autriche a su cela, et bien d'autres choses encore !

Un médecin légiste, fonctionnaire officiel et que je n'avais jamais vu, mon certificat d'aliénation mentale tout rédigé, m'attendait à Agram, aux ordres de la police, avec une infirmière de l'asile de Dœbling.

Ces gens et une équipe de détectives restèrent aux aguets une semaine. Il s'agissait de nous faire venir en ville. On n'osait pas nous arrêter au château de Lobor, en pleine campagne, où nos défenseurs, en un clin d'œil, seraient accourus.

Alors, l'autorité militaire convoqua le comte, à Agram. Officier en congé, il devait répondre à cet appel.

Nous eûmes le pressentiment du coup de force. Mais puisque, au château, notre situation était pénible, par suite du revirement de son possesseur qui avait pris le parti de s'éloigner, emmenant la Comtesse Keglevich, il nous parut que rien ne pouvait nous arriver de pire qu'une désaffection si cruelle. Il en serait ce qui pourrait, le comte se rendrait à la convocation reçue, et je serais aussi à Agram. Impossible pour moi de m'éloigner d'un danger qui pouvait le menacer.

Nous partîmes. Je descendis avec ma dévouée comtesse Fugger à l'hôtel Pruckner. Le comte gagna l'appartement qu'il avait fait retenir. Moi le mien. Nous étions arrivés tard, dans la nuit.

Au matin, vers 9 heures, je n'étais pas encore levée, on força la porte de ma chambre.

Je vis entrer l'agent-avocat du Prince, suivi d'hommes vêtus et gantés de noir, policiers en tenue de gala. Le médecin légiste et l'infirmière de Dœbling les escortaient, à distance.

Le train spécial trépidait en gare. Quelques heures plus tard, sans avoir eu la possibilité de me reconnaître, rayée soudain de la société normale, j'étais dans une cellule de Dœbling, aux abords de Vienne. Par un guichet ménagé dans la porte, on pouvait me surveiller. La fenêtre avait des barreaux énormes. Je l'ouvris. J'entendais hurler.

On m'avait placée dans le quartier des fous furieux. J'en voyais un, lâché, pour changer d'air, dans une petite cour sablée, aux parois matelassées. Il bondissait et se heurtait en poussant des cris affreux.

Je me retirai, horrifiée, me bouchant les yeux et les oreilles. J'allai tomber sur un lit étroit, et, sanglotant, je cherchai à me cacher sous l'oreiller et les couvertures, pour ne pas voir, pour ne pas entendre.

Que serais-je devenue sans le souvenir de la Reine et sans le secours de Dieu? La Foi me soutint. Elle mit en moi le courage des martyrs.

Cependant, à Agram, le Comte, arrêté, lui aussi, apprenait dans les formes du code militaire autrichien, qui était encore celui de 1768, qu'il était accusé —— on saura par qui tout à l'heure! — d'avoir négocié des traites portant les fausses signatures de la Princesse Louise de Saxe-Cobourg et de l'Archiduchesse Stéphanie.

J'allais être proclamée folle, et il serait proclamé faussaire.

Le pire n'est pas ce qu'on me fit. Ce n'est rien, à côté de ce que l'on réalisa contre lui!

Ah! cette justice de cour que la révolution a balayée! Ah! ce code d'une armée, esclave du trône avant d'être gardienne de la patrie! Quel défi au bon sens, à la veille du XXe siècle.

Et l'on s'étonne, ensuite, qu'un peuple se soulève!

Le comte fut mis en prison sur la dénonciation du même innommable individu qui se muait pour moi en policier.

Le gouverneur d'Agram était à ses ordres! Il crut sur parole — ou en eut l'air — ce petit avocat à tout faire, racontant que le comte Geza Mattachich avait faussement apposé ma signature et celle de ma sœur Stéphanie sur des traites qui étaient déjà depuis neuf mois chez des prêteurs de Vienne, lesquels venaient de s'apercevoir subitement (!) de la fausseté des valeurs.

Or, ma signature était bien et dûment la mienne.

Voilà ce qu'il ne fallait pas que je dise.

Celle de ma sœur était fausse et ajoutée après coup, mais par qui et pourquoi?

Voilà ce qu'il ne fallait pas que je demande.

Enfin, le comte était étranger à la négociation de ces valeurs et à l'emploi des fonds qui avaient pu en provenir.

Voilà ce qu'il ne fallait pas que je démontre.

Aussi étais-je sous bonne garde.

Le comte, lui, selon ce qu'on appelait alors la justice militaire autrichienne, se trouvait en face d'un *auditeur*, magistrat qui *était à la fois accusateur, défenseur et juge* — simplement.

Et celui-ci avait été bien choisi!

— Ce n'est pas croyable, dira-t-on.

Oh! ce n'est pas le plus fort.

Le 22 décembre 1898, le comte a été condamné à la perte de son grade et de son titre nobiliaire et à six ans de détention cellulaire pour avoir « escroqué » environ 600.000 florins à des tiers désignés.

Or, le 15 juin précédent, à l'échéance des soi-disant fausses traites, les susdits tiers créanciers, *non plaignants d'ailleurs*, avaient été intégralement remboursés par le Prince de Cobourg tenant ma signature pour bonne dès lors que j'étais à Dœbling, et que le Comte était perdu. Oui, bien perdu et à jamais, à ce que pensait, du moins, son bourreau. En effet, quoique, par des amis zélés, le comte eût pu obtenir une déclaration signée des escompteurs, attestant qu'ils n'avaient rien à réclamer et qu'aucun préjudice ne leur avait été causé par le comte Geza Mattachich, cette pièce, l'*auditeur* la repoussa, la dissimula au tribunal. Il n'en fut pas fait état.

Et l'abominable jugement prétendit faire du comte, gentilhomme entre les gentilshommes, un faussaire et un voleur, bien qu'il fût innocent et que tout criât son innocence.

Mais je m'attarde à des infamies qu'il est superflu de rappeler. On sait que l'affaire fut évoquée, quatre ans plus tard, au Reichsrat, grâce au parti socialiste indigné (1).

Le Comte a été vengé, du haut de la tribune parlementaire, et l'espèce de justice qui déshonorait l'armée autrichienne a cessé d'exister, ensevelie dans la ruine d'une monarchie et d'une cour trop longtemps criminelles.

---

(1) Extrait du compte rendu de la séance du Reichsrat, du 17 avril 1902. Interpellation du député Daszynski :

« Messieurs, le second jugement qui a été prononcé à la suite de la demande en revision du premier procès a admis que M. Mattachich n'avait falsifié qu'une seule des signatures !

« Ce verdict du tribunal militaire supérieur est d'une importance capitale dans toute cette affaire. Car, Messieurs, si le tribunal militaire supérieur avait simplement rejeté le pourvoi, nous pourrions croire encore que Geza Mattachich avait faussé les deux signatures. Or, puisque

Mattachich n'a fait de tort à personne, puisque les usuriers ont recouvré tout leur argent avec le formidable taux de plusieurs centaines de mille florins au jour de l'échéance, puisque, de tout cet argent, pas un traître liard n'est entré dans la poche de Mattachich, détail qui, en effet, n'a pas été relevé à la décharge de celui-ci, nous sommes en droit de nous demander quel intérêt aurait eu Mattachich-Keglevich — à moins d'admettre chez lui un singulier goût de perversité — à corroborer par une fausse signature les traites de la princesse de Cobourg qui ont été reconnues comme bonnes?

« Et maintenant, Messieurs, si nous nous posons la question : *Cui prodest?* nous répondrons que ce ne fut certainement pas à Mattachich-Keglevich, — car cela n'a pas eu d'autre résultat que de l'envoyer au pénitencier de Moellersdorf, — mais bien aux bailleurs d'argent. Il était d'une grande utilité pour eux qu'une fausse signature fût ajoutée à une bonne, car c'est un fait bien connu que pour les usuriers une signature contrefaite vaut mieux qu'une authentique, et je vais vous dire pourquoi.

« Avec une signature vraie, le mari, qui est obligé de faire honneur à ces sortes de dettes, peut dire : « Je consens à payer, mais défalcation faite des bénéfices retirés par les usuriers », et c'est ainsi que le prince de Cobourg a payé dans bien des circonstances. Mais, cette fois, les usuriers ont riposté : « Non! Grâce à une fausse signa-
« ture, nous avons la possibilité de faire du scandale, de
« menacer; nous avons entre les mains une arme dirigée
« contre le prince de Cobourg et contre tous les cercles
« de la cour. »

« Messieurs, je vous ai suffisamment prouvé que le second jugement avait posé l'affaire sur un autre terrain et l'avait éclairée d'une façon tout à fait nouvelle. S'ap-

« Huit jours avant son arrestation, on consentait à reconnaître par acte notarié qu'on lui donnerait toute « latitude de fuir » (*Ecoutez! Ecoutez!*) à la condition qu'il consentît à quitter la princesse Louise.

« Messieurs, on ne propose pas à la légère à un homme comme Mattachich-Keglevich de lui assurer par acte notarié son libre départ pour l'étranger. On voulait simplement se débarrasser de lui, on voulait assouvir la vengeance du prince-époux, et c'est à cause de cela qu'un meurtre judiciaire militaire a été accompli. Et, comme si cela ne suffisait pas, par ordre du comte Thun, alors président du Conseil des Ministres, la princesse Louise fut bannie comme une étrangère importune du territoire des royaumes et des pays représentés au Reichsrat, bien qu'elle fût la femme d'un général autrichien. (*Ecoutez! Ecoutez!*) Oui, Messieurs, nous allons livrer ce fait à la publicité; lisez demain, dans le compte rendu de la séance, mon interpellation à ce sujet et vous y trouverez les dates et tous les détails relatifs. Oui, Messieurs, dans l'intérêt de certains grands et hauts personnages qui possèdent beaucoup d'argent, il se passe ici des faits qui ne devraient pas et ne pourraient pas se produire si nous étions un Etat vraiment constitutionnel. (*Très vrai!*)

« Et maintenant, Messieurs, je vous demande : Qui doit porter la responsabilité d'avoir fait jeter des gens en prison uniquement pour que le riche prince de Cobourg pût assouvir sa vengeance? Seraient-ce par hasard les officiers? Non, je vous le dis bien franchement, les officiers ne sont pas coupables. Ces hommes n'auraient jamais prononcé une pareille sentence si Mattachich et les témoins avaient comparu devant eux, si l'accusé avait pu poser des questions aux témoins, si la presse avait pu faire le compte rendu des débats, si ce lieutenant en premier,

exceptionnellement doué, avait eù librement la parole dans
une audience publique, s'il avait pu avoir un avocat! Ce
n'est vraiment pas malin de jeter les gens en prison et de
les faire condamner par un auditeur et par des juges qui
ne savent rien de l'affaire! Voyez-vous, Messieurs, je ne
veux accuser personne de faux, je ne veux charger personne. Je n'ai d'autre but ici que de dénoncer une insti-
tution qui est fatalement la source de toutes les fautes
et de toutes les erreurs.

« Et puisque nous avons ici l'occasion de débattre
de pareils faits en plein Parlement, je demande à M. le
Ministre de la Défense Nationale : Que va-t-il arriver?
Veut-il, lui qui est un homme d'honneur, veut-il, lui qui
est non seulement un vieillard avec des cheveux blancs,
mais encore un soldat dont la conscience est pure et tranquille, assumer sur sa tête la responsabilité des angoisses
et des tortures infligées à un innocent? Va-t-il garder plus
longtemps le silence ou va-t-il parler?

« S'il n'est peut-être pas encore en état de prendre
une décision aujourd'hui, il ne doit pas hésiter plus
longtemps à faire la pleine clarté dans cette mystérieuse
affaire. »

XVI

SOUS LES TILLEULS DE LA COUR

Imagine-t-on ce que peut être la souffrance d'une femme qui se voit rayée du monde, et menée de maison de fous en maison de fous, prisonnière consciente d'un odieux abus de pouvoir?

A Dœbling, puis à Purkesdorf, où je fus ensuite, ma torture eût été au-dessus des forces humaines, si j'avais été seule à souffrir. Mais, avec l'espoir en la justice divine, l'idée qu'un innocent subissait à cause de moi un supplice encore plus affreux me soutenait. La perte de l'honneur est autrement atroce que la perte de la raison. Je ne pouvais m'abandonner tandis que le comte résistait, héroïque, avec une dignité à laquelle, depuis, bien des fois, on rendit hommage, et que les débats au Reichsrat mirent en lumière.

Quelles heures cependant j'ai vécues! Quelles nuits angoissées! Quels cauchemars horribles! Que de larmes, que de sanglots! J'essayais en vain, souvent, de me contenir.

La pitié de mes gardiens et gardiennes était heureusement pour moi, un réconfort. De même l'embarras craintif des docteurs et leurs égards humains.

Sauf deux ou trois misérables ou pauvres diables, acquis à mes ennemis par cupidité ou sottise, je n'ai guère trouvé que des aliénistes que ma « folie » révoltait, et qui ne demandaient qu'à passer à quelque autre la responsabilité de me garder parmi les fous.

L'opinion autrichienne étant décidément trop hostile, mon tortionnaire et ses complices trouvèrent en Saxe une maison de santé complaisante et de tout repos. Je fus conduite à Lindenhof, dans la petite ville de Koswig, à moins d'une heure de chemin de fer de Dresde, au milieu des forêts.

Lindenhof! Cela veut dire les tilleuls de la Cour. Calmants tilleuls! Agréables tilleuls, et qui me ramenaient à *Unter den Linden*, à Berlin, et aux obligations que je pouvais avoir à mon gendre et à sa famille, que ma captivité au pays de Saxe rassurait. L'héritage du Roi ne tomberait pas en mes mains prodigues!

Personne, à présent, de l'entourage qui m'était cher, ne restait près de moi. Ma bonne comtesse Fugger, du soir au matin, avait dû me laisser à mes geôliers. Par compensation, on prétendit faire grandement les choses à Lindenhof. La crainte de l'opinion est, pour les Princes, le commencement de la sagesse.

Il ne fallait pas qu'on pût dire, comme des internements précédents, que je n'étais traitée ni en Princesse, ni en fille de Roi. On me donna un pavillon séparé, un équipage, des femmes de chambre et une « demoiselle de compagnie ». J'eus la permission de sortir, quand « le Conseiller de santé » Docteur Pierson, directeur de l'établissement, ne s'y opposerait point. Mais mon pavillon était entouré des murs d'une maison de fous; mais le cocher et le valet de pied étaient des policiers; mais la « demoiselle de compagnie » n'occupait ce poste que pour me garder prisonnière, et faire sur moi d'abondants rapports.

Ma cage avait des dorures et quelques échappées sur la campagne, voire sur la ville proche. C'était tout de même une manière de tombeau où je connaissais l'oubli de tout ce qui m'avait connue, à commencer par les miens.

J'ai dit que, honteux du crime auquel ils s'associaient tacitement, ils mirent des années à venir visiter la « malade » que je devais être. Ils s'émurent quand l'opinion s'étonna de leur indifférence.

L'iniquité du sort fait au comte Mattachich était devenue plus forte que la puissance qui voulait l'anéantir. En parlant de lui, la Presse se souvint de moi. Je vis alors paraître ma fille, puis ma tante la comtesse de Flandre; enfin, ma sœur Stéphanie me donna signe de vie.

J'avais perdu ma mère bien-aimée sans la revoir. Ses lettres, à la fois si bonnes et si cruelles à mon cœur, étaient mes reliques les plus chères. Elles me déchiraient cependant, car j'y voyais que la tendresse de ma mère était persuadée de ma « maladie ».

Du Roi, hélas! jamais rien. Que ne lui avait-on dit, comme à la Reine! N'était-il pas convaincu de la culpabilité du Comte? Avec quels soins son siège n'avait-il pas été fait? Pour mon mari et mon gendre, mon père devait être, avant tout, certain de nos « crimes ».

Que pouvais-je contre cela, du fond de mon pavillon de folle, privée de secours et de liberté?

Je savais cependant, je devinais les intrigues ourdies à Bruxelles, et quels appuis mes ennemis y trouvaient pour triompher d'une pauvre femme suppliciée. Je ne voyais le salut que du côté de l'infortuné qui souffrait aussi le martyre au pénitencier de Moellersdorf, pour avoir voulu me sauver d'un enfer et de ses déshonorants abîmes.

On s'est étonné ensuite de notre fidélité réciproque. Peu d'êtres savent et sentent que, pour certaines âmes, le ciment le plus fort est celui d'une commune douleur. Nos joies furent éphémères, nos peines prolongées. Nous avons été incompris, méconnus, diffamés, torturés. Nous avons mis notre confiance et notre espoir ailleurs que dans les hommes. Souvent, les meilleurs n'ont ni le temps, ni la possibilité de savoir, de comprendre, et condamnent des innocents sur la foi des apparences ou des formes d'usage, que la haine et la duplicité savent faire servir à leurs desseins.

J'étais depuis quatre ans « folle par raison d'Etat », quand la Cour de Vienne, effrayée de la clameur publique, se vit contrainte de lâcher une de ses proies : le Comte fut gracié. Aussitôt, sans rien craindre, il entreprit de me délivrer. Périlleuse entreprise, car la police autrichienne et allemande, à défaut d'une justice que la peur de la Presse et des Parlements tiendrait sur la réserve, resterait aux ordres de mes ennemis.

J'ai dit et je redis fréquemment qu'il est incroyable que nous puissions être encore de ce monde...

Pour commencer, mon chevaleresque défenseur se trouva pris dans les mailles du filet policier, et ne fit plus un pas sans avoir à ses trousses des espions de tout genre. Quant à moi, je vis Koswig en état de siège, Lindenhof entouré de gendarmes, et les sapins de la forêt gardés à vue.

Fortifiée de la prière et de l'espérance, je m'étais, sinon accoutumée à mes chaînes, du moins à leur poids. Attachée à ce culte de la nature que j'ai toujours pratiqué, j'aimais les solitudes sylvestres, où il m'était permis de promener ma peine, sous la surveillance de ma suite de geôliers des deux sexes.

Je n'avais qu'un ami, mon chien préféré. Reverrais-je jamais le loyal et fin visage, et les yeux clairs où, dans un monde de corruption, j'avais trouvé la pure lumière du salut?

Cependant, je ne désespérais pas! Que resterait-il aux prisonniers innocents, s'ils ne gardaient quelque espérance?

Ah! ce jour d'automne où je vis reparaître à

l'horizon le soleil de la liberté et, avec lui, toutes les possibilités de vérité, de réparation, de bonheur, que ma confiance imaginait trop vite!

Il faisait un temps doux et pur. La clarté solaire embellissait la nature saxonne. Elle teintait d'or les lignes sombres des masses forestières qui s'étageaient sur la colline où je me plaisais. Ce désert de sable, planté de sapins, égayé de son petit hôtel, en plein bois, du « Moulin de la Crête », était familier à mes promenades en voiture. Ce jour-là, je conduisais moi-même, accompagnée de ma « demoiselle de compagnie » et d'un laquais. Un cycliste parut, venant en sens contraire, et qui frôla des roues de mon côté. Il me regardait. Je le reconnus... C'était le Comte... J'eus la force de ne pas me trahir, pour ne le trahir point. Il était donc libre! Je crus que je le serais le lendemain!

Trois ans allaient s'écouler avant que j'échappe à mes geôliers.

L'alarme était au camp ennemi. On savait le comte disparu de Vienne. On le chercha vers Koswig.

Ma « demoiselle de compagnie » qui, passagèrement humaine, ou par calcul, avait permis, les jours suivants, deux brèves entrevues du Comte et de moi devant elle, à l'écart, dàns la forêt, ne fut pas longue à se raviser.

Le Comte dut cesser d'essayer de me revoir. Le pays était plein de policiers. Je n'eus plus la permission de sortir de Lindenhof. Mon sauveur s'éloigna, surtout pour m'éviter d'être privée des promenades qui, si entourée que je fusse, me procuraient le soulagement d'échapper quelques heures à ma maison de fous.

Il ne lui restait qu'un moyen de préparer ma délivrance : proclamer, établir que je n'étais point folle; en appeler à l'opinion, et trouver des sympathies et des concours qui faciliteraient ma libération.

Un livre parut, où il démontra son innocence et la cruauté des procédés dont j'étais victime. La Presse du monde entier fit écho à son cri indigné. Et le secours espéré nous vint en particulier de la généreuse France, où mon malheur fut vivement senti. Un journaliste, un écrivain français, aussi réputé qu'estimé, et que je nommerais ici, avec reconnaissance, si ce n'était la réserve ordinaire de son caractère, dont je dois tenir compte, voyageait en Allemagne pour la préparation d'un ouvrage politique. A Dresde, on lui parla de ma situation. Il s'informa. Il alla voir le Président de

Police qui, gêné, lui confessa que j'étais victime d'une « affaire de cour ». Pour m'approcher, il n'hésita pas à se faire conduire à Lindenhof, comme s'il était neurasthénique. Mais par méfiance, ou sûreté de diagnostic, on ne voulut pas de lui dans l'établissement. Il revint à Paris, et obtint du *Journal* que ce puissant quotidien, apprécié pour son indépendance, s'intéressât à ma cause. Le comte, eut, dès lors, un appui efficace par lequel d'autres se trouvèrent.

Il ne pouvait reparaître à Lindenhof. Le journaliste français y vint, et la première nouvelle qui me rendit l'espoir fut un billet de lui, inconnu pour moi, et qui, au cours d'une promenade, fut jeté par un gamin dans ma voiture, en même temps qu'une lettre du comte.

Cette lettre, la « demoiselle de compagnie » la saisit au vol. L'autre missive resta en mes mains, et ce fut en vain que ma suivante policière tenta de me l'arracher.

Quand je la lus, palpitante, je ne retins qu'un mot, en une langue que je n'entendais plus guère, et qui était celle de ma patrie. Mes yeux emplis de larmes lisaient et relisaient ceci : « *Espérez!* »

XVII

COMMENT JE FUS A LA FOIS RENDUE
A LA LIBERTÉ ET A LA RAISON

Je devais aller aux Eaux. J'en avais le plus grand besoin. Les petites stations thermales abondent en pays germanique. La difficulté n'était pas de trouver un lieu salutaire à ma santé, où mes gardiens n'auraient pas à craindre une foule cosmopolite, et pourraient me tenir prisonnière et isolée.

Cependant, aussitôt après l'incident des lettres jetées dans ma voiture, j'appris que je resterais à Lindenhof. La cure promise était supprimée.

Par bonheur, le médecin professeur, appelé pour moi en consultation, prit parti en ma faveur, consciencieusement, et me promit d'intervenir. En attendant, mes promenades cessèrent. J'acceptai même de ne point sortir, dupe des histoires que l'on me raconta, le Docteur Pierson, tout le premier.

Il me gardait jalousement, mais avec égards. Que je ne fusse point folle, il le savait bien ; mais il savait encore mieux que ma pension était d'un prix très rémunérateur. L'idée de me perdre lui était extrêmement désagréable. Il s'ingéniait à me conserver autant qu'à me plaire, et se persuadait sans peine que Lindenhof devait être, pour moi, un séjour enchanteur.

Si n'avaient été, à mes yeux, ses titres de médecin aliéniste et de geôlier, ses visites n'auraient eu rien de trop désagréable. Elles ne manquaient point de courtoisie.

Le Docteur Pierson prenait aisément l'air du dévouement et de la bonté. Il me fit part, du ton le plus sincèrement alarmé, de certains avis qu'il disait tenir de source sûre, et qu'il m'appartenait de prendre en considération, si je ne voulais le désoler : des bandits avaient résolu de m'attaquer en forêt, à l'improviste, et de me dépouiller des bijoux que je portais ordinairement. Certes, le Docteur Pierson ne contestait pas que le comte eût pu m'écrire. Toutefois, la lettre saisie par ma « Demoiselle de compagnie » n'était pas ce que j'imaginais sans doute. Elle semblait apocryphe et fort inquiétante par son mystère même. On ne pouvait me la montrer, parce qu'il appartenait d'abord à la justice de la connaître. Je serais sage de remettre celle que j'avais gardée. Elle émanait assurément de cette bande qui préparait un attentat où je pouvais être volée et assassinée.

Effrayée de l'entendre, déprimée, d'ailleurs, par l'existence qui m'était faite, je me laissai convaincre. Je ne voulus pas sortir. Pendant plusieurs jours, je vécus angoissée, oppressée, incertaine. Le sommeil me fuyait. A la réflexion, je ne savais plus que croire et que penser. Supplice ajouté au supplice.

On ne peut concevoir la résistance qu'il faut pour conserver une certaine lucidité, quand on vit, pendant des années, dans le voisinage des aliénés. La hantise est telle que, si l'on n'a point la force de s'abstraire du milieu, on succombe, forcément.

Mais Dieu me permettait de m'évader sans cesse, en esprit, et de rejoindre le sauveur espéré. Je finis donc par me reprendre, et redemandai à sortir. On ne put s'y refuser.

Cependant, je restais impressionnée. Je n'osais me faire conduire aussi loin dans la forêt qu'auparavant. Et si j'apercevais un cycliste ou plusieurs, je m'effrayais, sans rien dire.

Venaient-ils pour m'attaquer? Venaient-ils pour me délivrer?

O Imagination! C'étaient de bonnes gens qui allaient tranquillement à leurs affaires.

Mon médecin professeur n'avait pas oublié sa promesse. Son intervention obtint l'effet désiré. Il fut décrété que j'irais aux eaux de Bad-Elster, en Bavière. C'est dans la montagne, à un quart d'heure, en voiture, de la frontière autrichienne. Si je m'échappais de Charybde, je tomberais en Scylla!

Le pays est agreste, et mériterait d'attirer la clientèle cosmopolite. Mais sa renommée, purement allemande, rassurait d'avance mes geôliers. Personne n'irait me chercher dans ce modeste Wiesbaden bavarois. Et si, d'aventure, mon défenseur surgissait, il trouverait les avenues gardées.

De fait, l'hôtel où je descendis avec ma suite de policiers et de policières fut immédiatement entouré, selon les règles de l'art, d'un cordon de sentinelles et de surveillants.

Quiconque d'inhabitué, d'inconnu, approchait, était suivi, observé et promptement identifié.

Le Comte se garda bien de se montrer, quoique, par les intelligences qu'il s'était ménagées à Kœswig, il eût appris sans retard que j'étais partie pour Bad-Elster.

La police ne signala rien d'insolite à mes gardiens. Personnellement, j'étais, à mon habitude, sans impatience ni révolte. Ma « demoiselle de compagnie » ne pouvait que rendre hommage à ma gracieuseté. Mais, en moi-même, je *sentais* venir la délivrance.

Cette intuition se trouva promptement confirmée :

Un jour, au tennis, je vis passer un gros homme, dont l'allure, le chapeau, le costume annonçaient un Autrichien. Ses yeux cherchèrent les miens qu'ils fixèrent avec insistance, pendant qu'il me saluait avec respect. J'aurais juré que le regard de cet homme venait de m'annoncer le Comte !

Je ne me serais point trompée !

Un peu plus tard, à l'hôtel, je sortais de la salle à manger, précédée du médecin de police attaché à ma personne, et suivie, à cinq ou six pas, de ma « demoiselle de compagnie », un individu blond me frôle et murmure :

— Attention ! On s'occupe de vous !

Je faillis m'appuyer au chambranle d'une porte, incapable soudain d'avancer. Je pus heureusement surmonter ce trouble. Mes deux Cerbères ne s'aperçurent de rien.

Le lendemain, à l'heure du dîner, j'arrive, toujours escortée de mes deux inséparables, le Docteur et la suivante. Le « Kellner » qui, habituellement, nous servait, était un peu en retard et achevait de disposer le couvert. D'ordinaire, il n'osait me regarder qu'avec discrétion. Je m'aperçois que ses yeux me parlent. En même temps, sa main passe et repasse sur la nappe, près de ma place. Il efface un pli, il tapote le linge, il n'en finit pas. Je m'assieds et, au bout d'un moment, j'effleure, d'un geste négligent, l'endroit que le garçon semblait indiquer : je sens craquer un papier sous la nappe...

Mes deux gardiens parlaient de Wagner; ils égrenaient des lieux communs laudatifs. Ils purent me voir approuver d'un gracieux sourire leurs banalités. Ils redoublèrent d'éloquence, tout à leur sujet. J'en profitai pour saisir et faire disparaître une lettre habilement placée à portée de ma main, entre la nappe et le bois, au bord de la table, près de moi.

Je lus cette lettre, je la dévorai, dès que je pus être seule, dans ma chambre. Elle était bien de qui je pensais! Elle m'annonçait la délivrance prochaine. Elle me donnait des explications sur ce qui s'était fait, et ce qui allait se faire pour que j'échappe à ma longue torture. Je devais répondre par la même voie. Je pouvais compter sur le « Kellner ».

C'est ainsi qu'une correspondance quotidienne s'établit entre le Comte et moi. Je sus bientôt, en détail, quelles mesures je devais prendre, quelle attitude garder, quels préparatifs effectuer et de qui j'avais à craindre ou à espérer.

Le gardien de nuit était gagné à mon évasion. Ce brave homme, comme le « Kellner », risquait gros à ce jeu. On ne saura jamais tous les dévouements qu'a suscités, que suscite encore l'affreuse persécution dont j'ai été victime.

J'eus enfin le billet avidement attendu : celui qui me disait : « Ce sera pour demain. »

Pour demain! Demain! Je n'avais plus qu'un jour à attendre, et je serais libre... C'était en août 1904. Depuis sept ans, j'avais perdu ma liberté; je vivais dans le voisinage immédiat des fous, traitée en folle.

Une pensée me glaça d'effroi : le Comte allait sans doute surgir, se montrer. Or, récemment, ma « demoiselle de compagnie », exhibant un revolver, m'avait froidement prévenue que, pour sa part, elle avait l'ordre — de qui? — de tirer sur mon sauveur.

Jamais ma prière ne fut plus ardente. Puis, rassérénée, confiante, je fus toute à mes préparatifs.

J'avais besoin de quelques heures pour ranger

mes papiers, détruire des lettres, disposer ce que j'emporterais. Comment faire tout cela sans éveiller des soupçons?

Je m'avisai de déclarer qu'au lieu de sortir, l'après-midi, je me laverais la tête. Ce soin, auquel je procédais souvent moi-même, me laisserait le loisir de rester chez moi en séchoir, sans que la « demoiselle de compagnie », infatigable espionne, pût s'alarmer. La femme de chambre disposa donc tout ce qu'il fallait, puis, seule, je fis dans mon appartement un grand bruit d'eau. Mais j'eus bien soin de garder mes cheveux secs, de crainte de quelque rhume ou névralgie qui serait venu intempestivement diminuer les bonnes conditions où il fallait que je fusse.

La tête enveloppée, je pris les mesures nécessaires, sans être dérangée. Puis, le soir venu, reposée, rafraîchie, à m'entendre, par l'opportune lotion de l'après-midi, je me rendis au théâtre, avec mon habituelle escorte.

De toutes les pièces que j'ai pu entendre, aucune ne m'a laissé moins de souvenir que celle dont le petit théâtre de Bad-Elster régalait, ce soir-là, son honnête auditoire. J'étais, par la pensée, à ce qui allait suivre, et je me disais :

— Advienne que pourra, si la vie est en jeu, jouons la vie !

Le spectacle achevé, je revins à mon hôtel sans rien laisser paraître de mon agitation intérieure. Le docteur et la suivante furent aimablement congédiés au seuil de ma chambre, et ma dernière phrase put ajouter à leur tranquillité :

— Nous devons aller au tennis demain un peu tôt, dis-je. Je sens que je passerai une bonne nuit. Retardons d'une heure notre partie. »

Comment douter, là-dessus, que j'allais bien sagement m'abandonner au sommeil ? Au surplus, chaque soir, mes chaussures et mes vêtements m'étaient enlevés, et si je n'étais pas enfermée dans ma chambre, quoiqu'on y eût pensé — à mon arrivée, les serrures avaient été renouvelées, à cette intention, — le veilleur de nuit ne devait pas perdre de vue mon appartement, et des sentinelles entouraient l'hôtel.

Mais le veilleur était gagné à ma cause, et, quant aux sentinelles, je verrais bien ce qu'il en serait ! Je craignais beaucoup plus ma « demoiselle de compagnie », logée à côté de moi, fine d'oreille, et toujours sur le qui-vive.

Et puis, j'avais dans ma chambre mon chien de prédilection, le bon, le fidèle « Kiki ». Qu'en ferais-je? Comment accepterait-il ma fuite? Il aboyait pour une mouche. L'heure venue d'agir, je voyais le chemin se hérisser d'obstacles.

Je ruminais tout cela, tandis que la femme de chambre achevait son office. Enfin, je fus seule...

J'eus promptement revêtu un costume et chaussé des bottines que j'étais parvenue à dissimuler, en prévision du soir de ma fuite. Mon bagage fut bientôt achevé. Toute lumière éteinte, retenant mon souffle, j'attendis le signal.

Mais quel signal? Je n'en savais rien. J'écoutais...

Peu à peu, le silence se faisait complet dans ce coin tranquille de Bavière où le spectacle, comme il est d'usage en Allemagne, prend fin avant dix heures. Les soupeurs qui s'attardent sont rares. La calme nuit enveloppait Bad-Elster, une belle nuit de pleine lune. Un danger de plus, cette clarté lunaire. Mais je n'avais pas le choix, et mon temps de « villégiature » touchait à son terme.

Les douze coups de minuit sonnèrent, puis la demie, puis le premier coup de l'heure, et presque aussitôt j'entendis à ma porte un grattement de souris. Kiki se dressa... Mais d'un signe, je lui fis : « Chut! » Et il comprit!

J'ouvris doucement. L'ombre du gardien de nuit se dessina dans le corridor.

— Me voilà, dis-je, très bas.

— Silence!... Tenez-vous prête. Je viendrai quand il en sera temps.

Il s'éloigna.

Je suis restée deux heures, collée à la porte, ma valise près de moi. Enfin, j'ai perçu un glissement. C'était le gardien. Je me suis retournée vers mon chien. Il m'observait, inquiet. Je suis venue à lui. Les oreilles droites, assis sur son séant, au creux d'un coussin dans un fauteuil, il comprenait que j'allais partir, et partir sans lui!

Je lui ai dit, en le caressant :

— Kiki, ne fais pas de bruit. Si tu fais du bruit, je suis perdue!

Il n'a pas bougé. Il n'a pas aboyé. Il n'a même pas gémi, comme parfois, en enfant gâté.

Déjà, j'étais à côté du gardien, sur le seuil de la porte.

— Il faut ôter vos chaussures, murmura-t-il. On vous entendrait.

Il se baissa et me les enleva, puis, se chargeant de mon mince bagage, il m'entraîna, appuyée à son bras.

D'un dernier coup d'œil, j'avais dit adieu aux

choses familières que je laissais dans ma chambre, et recommandé le silence à mon bon petit chien. Je suivis le corridor sur lequel s'ouvraient, proches de la mienne, les portes de la « Demoiselle de compagnie » et du docteur. Dieu merci, elles restèrent closes. Un autre corridor nous mena à un escalier par lequel nous gagnâmes le rez-de-chaussée. Là, dans l'obscurité presque totale, j'aperçus une ombre, un doigt sur la bouche. C'était le Comte...

Le veilleur de nuit ne nous laissa pas nous attarder. Il me fit reprendre mes bottines et nous guida, protégés de la clarté lunaire par l'hôtel, jusqu'à une serre, puis à une terrasse, qui accédait à la route.

Là, deux sentinelles s'étaient rejointes et causaient paisiblement, éclairées par la lune qui, pour notre perte, illuminait devant nous le chemin de la délivrance.

Nous attendions, anxieux. Bientôt, les sentinelles se séparèrent et s'éloignèrent dos à dos... Le Comte, prenant brusquement son parti, me fit franchir la route en quelques bonds légers. Il tenait ma valise; le gardien de nuit était resté caché sur la terrasse. Nous étions à présent sous des arbres, de l'autre côté du chemin. Les sentinelles n'avaient rien vu, rien entendu!

Restait à atteindre la voiture postée, pour nous, à quelque distance. C'était un landau à deux chevaux, équipage local qui pouvait passer inaperçu. Tout autre, inconnu au pays, eût pu être signalé.

Catastrophe! La voiture n'était pas où elle aurait dû être. Nous eûmes un moment de désespoir. Quelle nuit! Quels instants! Tout cela, fiévreusement sous des arbres que traversaient les rayons de la lune et que les jeux d'ombre et de lumière peuplaient de fantômes effrayants. Enfin, quelqu'un des gens gagnés à mon évasion nous rejoignit et nous mena vers le landau. J'y montai. Il partit. Mais ses chevaux fatigués allaient lentement. Soudain, en plein bois, l'équipage s'arrête. Le cocher confesse qu'il s'est égaré et ne connaît plus son chemin.

Il nous fallait arriver à un endroit appelé « les Trois Pierres », délimitation de trois royaumes. La Bavière, la Saxe et l'Autriche s'y rencontrent.

Le cocher tournait le dos à la bonne direction, et revenait vers Bad-Elster, alors que nous voulions gagner la petite station de Hof, et monter dans le train de Berlin.

Nous eûmes la chance d'être tirés d'angoisse

par deux de nos partisans, inquiets de ne pas nous voir arriver, et qui survinrent à propos.

Bref, nous parvînmes à Hof, et, quelques heures plus tard, nous étions dans la capitale de la Prusse.

Mon gendre et son impérial beau-frère ne s'en doutèrent pas, lorsque leur arriva la nouvelle de mon évasion. Le bruit fut énorme. Les choses avaient été si bien arrangées à Bad-Elster; les braves gens y étaient si sincèrement pour moi, que les polices allemande et autrichienne en furent pour leurs frais de recherches. Je m'étais évanouie, dissipée en vapeur comme un farfadet. Du comte lui-même on ne retrouvait plus trace.

Cependant, à Berlin, hôtes secrets d'un député socialiste, le Docteur Sudekum, qui se fit le généreux défenseur de ma cause, nous attendions une accalmie dans la tempête, pour gagner un sol hospitalier.

Tout examiné, nous résolûmes d'aller en automobile jusqu'à une gare où s'arrêterait le Nord-Express, et de partir pour la France par ce train de luxe, en traversant la Belgique.

Passons sur une alerte à l'hôtel, à Magdebourg, où j'aurais été reconnue et dénoncée, si je n'avais appelé le Docteur Sudekum mon mari! Nous parûmes subitement très unis, et il fut évident qu'un célèbre socialiste allemand ne pouvait avoir pour épouse une fille de Roi.

Enfin, je pus monter en sleeping et, par bonheur, être seule dans mon compartiment. Le train roulait à travers l'Allemagne. Le Comte veillait sur moi, dans le même wagon, et se tenait le plus possible dans le couloir. Les heures passèrent. J'entendis crier : « Herbesthal! »

J'allais entrer en Belgique, j'allais revoir ma patrie sans oser m'y arrêter. Hélas! le Roi était du côté du Prince de Cobourg... J'osais à peine m'approcher de la fenêtre. Je tremblais. La douane belge passait dans les wagons.

On heurte à la porte de mon compartiment et, derrière le conducteur, les douaniers parurent. Mais on leur répondit pour moi. Ils se retirèrent confiants.

O ironie de la banale question :

— Vous n'avez rien à déclarer?

Que n'avais-je, au contraire, à déclarer, fille aînée du grand Roi de ces braves gens qui ne me reconnaissaient pas! J'aurais voulu crier jusqu'au palais de Laeken la cruelle injustice du sort qui faisait de moi, partout, une victime et une exilée!

J'étais toute à ces pensées lorsque passa un vieux contrôleur de chemins de fer belges. Celui-ci ne fit pas comme les douaniers. Il me dévisagea, et je vis qu'il démêlait sur-le-champ qui j'étais.

Le Comte, en observation dans le corridor, eut comme moi la certitude que j'étais reconnue. Il suivit le contrôleur. Cet homme le regarda, lut son anxiété sur ses traits, et, l'identifiant aussi, sans doute, par les portraits publiés dans les journaux, il s'arrêta, puis, bonnement :

— C'est notre Princesse, n'est-ce pas ?... N'ayez donc pas peur ! Personne ici ne la trahira.

Je n'ai jamais su le nom de ce fidèle et bon compatriote. S'il vit encore, puisse-t-il apprendre, par ces lignes, que ma gratitude est allée vers lui bien des fois.

J'arrivai enfin à Paris, saine et sauve. Je n'avais plus rien à craindre. J'étais sur une terre hospitalière, protégée par de justes lois.

On sait que les plus éminents des aliénistes français reconnurent, après de longues séances où je fus minutieusement interrogée et examinée, l'inanité des affirmations pseudo-médicales aux termes desquelles on avait pu me tenir pour folle, pendant sept ans, et me traiter en mineure incapable et interdite. Mes droits civils me furent rendus. En même temps que ma liberté, j'avais miraculeusement recouvré ma raison.

Je devais, hélas! pendant l'affreuse guerre, retrouver sur ma route l'implacable haine dont j'ai tant souffert.

Pour le coup, elle me crut en son pouvoir, et fut odieuse d'âpreté. Ce n'était plus par avidité des millions de l'héritage du Roi mon père. C'était par appétit d'une autre fortune : celle de l'Impératrice Charlotte, ma tante infortunée, dont le château de Boucottes abrite la végétative vieillesse. Cette possibilité de biens éveillait les mêmes convoitises; elle engendra les mêmes procédés. Mais, ici encore, je fus providentiellement sauvée.

XVIII

LA MORT DU ROI
INTRIGUES ET PROCÈS

Un livre existe, qui a été tiré seulement à 110 exemplaires, judicieusement répartis entre des mains qui ne les ont pas égarés.

Ce livre, je déplore qu'on ne l'imprime pas à grand nombre, complété, par exemple, *de toutes les pièces* du débat relatif à Niederfullbach, et des divers arrêts rendus contre mes revendications. Tel qu'il est, par ce qu'il contient et encore plus par ce qu'il ne contient pas, je serais heureuse de le voir dans les Facultés et Ecoles de Droit du monde entier. Il y serait utile et suggestif. Le grand public lui aussi, pouvant l'avoir sous les yeux, le consulterait avec intérêt.

Que de réflexions il inspirerait, non seulement aux juristes, mais encore aux philosophes, aux his-

toriens, aux écrivains, voire aux simples curieux des
documents par lesquels un siècle, un peuple, un
homme se caractérisent.

Que de trouvailles on y ferait sous la belle
ordonnance des mots et des chiffres. Quelle partie
prodigieuse jouée dans ce livre par un esprit génial
entouré de collaborateurs dévoués à sa grandeur,
tant qu'il est vivant, et qui, enrichis et satisfaits,
oublient son œuvre et son nom, dès qu'il est mort.

La reconnaissance, disait Jules Sandeau, est
comme ces liqueurs d'Orient qui se conservent dans
des vases d'or et qui s'aigrissent dans des vases de
plomb.

Il y a peu de vases d'or parmi les hommes. On
sait même des vases pleins à déborder de ce précieux métal, et qui ne sont que du plomb. Le con-
tenu ne fait pas le contenant.

Le livre que je voudrais voir diffuser est un fort
volume relié en carton vert, imprimé à Bruxelles
sous ce titre : « Succession de Sa Majesté Léopold II. — Documents produits par l'État
Belge. »

Un des plus notables jurisconsultes de France
m'a écrit, parlant de ce recueil :

« C'est un trésor énorme, une mine inépuisable.
Un jour ou l'autre, les amis du Droit, jeunes et

vieux, de quelque pays qu'ils soient, publieront des thèses, des ouvrages, inspirés des documents de la Succession du roi Léopold II. Ils sont sans prix. On y trouve un passionnant roman d'affaires, de magnifiques conceptions, d'étonnants modèles de contrats, de statuts et de substitutions de personnes, enfin un merveilleux débat juridique où la morale et l'amoralité sont aux prises. Le tout aboutit à un jugement fantastique, précédé et suivi de transactions stupéfiantes.

« On croit ce procès fini. Il recommencera et durera cent ans peut-être, sous des formes et dans des conditions que nous ne pouvons prévoir. Il est impossible que le défi porté par la justice belge au droit naturel reste sans appel et sans sanction. »

Si, comme on le verra tout à l'heure, il est incontestable que le Roi a libéralement transmis à la Belgique l'Etat du Congo formé, à l'origine, de ses deniers et de ses soins, la simple raison ne saurait admettre qu'un tel don ait pu se faire sans obliger la Belgique à l'égard de la famille du Souverain et, premièrement, de ses enfants.

Que le donateur ait voulu exclure ses filles de sa fortune réelle, c'est non moins incontestable, mais qu'il l'ait pu, en Droit, ce n'est pas, ce ne sera jamais admis par l'équité. On se heurte à un principe sacré qui est la base même de la continuité familiale.

Je citais tout à l'heure l'opinion d'un jurisconsulte. Ses confrères qui lisent ceci le savent : je pourrais en citer mille.

Il a suffi, pourtant, d'un seul fonctionnaire de la justice belge, assez puissant pour obtenir, « au nom de la raison d'Etat », un jugement sacrilège.

A la veille de l'arrêt qui devait marquer dans ma personne la défaite de la légalité, un de mes avocats se croyait si certain du succès qu'il télégraphiait à un autre de mes Conseils, dont les avis avaient été précieux, ses « félicitations anticipées ». Comment douter? Le procureur royal, véritable légiste, avait conclu en ma faveur. C'était un honnête homme. Il a sauvé, ce jour-là, l'honneur de la justice belge.

Mon principal avocat belge était si convaincu de ne pas être battu qu'il s'était opposé à une transaction, possible peut-être, et j'y étais prête. Car, moi qui me suis vue, tant de fois, partie, devant les tribunaux, j'ai horreur des procès. Là comme ailleurs, j'ai été prise et entraînée dans un engrenage fatal. Il serait facile de le démontrer. Mais l'intérêt n'est pas là. Il est dans l'extraordinaire débat que j'ai dû soutenir, presque seule, dans le procès de la Succession du Roi.

Ma sœur Clémentine qui, peut-être n'a pas assez lu Hippolyte Taine, cédant à des illusions dynastiques a, sans hésiter, fait le sacrifice de ses revendications. Elle a accepté de l'Etat belge ce qu'il lui a plu de lui offrir. Elle n'a pas considéré qu'elle devait s'unir à ses sœurs. La devise de la Belgique est « l'union fait la force ». Cette devise n'est pas celle de toutes les familles belges.

Ma sœur Stéphanie a été avec moi, puis s'est retirée, puis est revenue, puis est repartie...

J'ai pu m'obstiner dans l'erreur, on est libre de le penser; j'ai su, du moins, ce que je voulais. Ma sœur cadette en a paru moins assurée. C'est son affaire. Il n'a pas tenu à moi que ma cause ne fût toujours la sienne, en étant celle du Droit.

Car je supplie qu'on en soit persuadé : je n'ai lutté que pour la légalité. Personne ne peut préjuger de ce que j'aurais fait, gagnante.

Jamais il n'a été dans mon intention, à propos du Congo, de prétendre que mes sœurs et moi, nous pouvions passer outre aux volontés du Roi et aux lois votées en Belgique pour l'adjonction de la colonie. Mais, entre la prise en considération de certains faits et l'acceptation totale d'une exhéréda-

tion contre nature et illégale, il y a un espace que
pouvait, que devait remplir une honorable transaction.

L'Etat belge avait un geste à faire, qu'il a timi-
dement esquissé. Mon principal avocat n'a pas jugé
cela suffisant. Le peuple belge, livré à lui-même,
eût su mieux faire, comme il eût su noblement
honorer la mémoire de Léopold II, s'il ne s'en était
pas remis à ceux qui, jusqu'à ce jour, ont manqué
à ce devoir, d'un cœur léger.

Supposons que la Belgique soit une personne
vivante, douée d'honneur et de raison, soucieuse du
jugement de l'Histoire et de l'estime universelle,
maîtresse du milliard congolais et des autres milliards en puissance dans ce trésor colonial, se croi-
rait-elle dégagée de toute obligation vis-à-vis des
enfants malheureux du donateur de ces biens?

Assurément non.

S'il en était autrement, elle serait sans honneur,
sans raison, cruellement cynique, et justement mé-
prisée.

Tous les arrêts du monde ne pourront jamais rien
là contre.

J'ai raisonné, je raisonne encore ainsi. Mais je
n'étais pas seule, et mes avocats belges ont eu d'au-

tres raisons que les miennes et qu'ils croyaient con-
cluantes.

Si je n'ai pas réussi dans mes vues, j'ai eu, du
moins, la consolation de voir qu'ils ne perdaient
rien à ne pas réussir dans les leurs. Ma cause leur
a porté chance. Ils sont devenus ministres à l'envi
et, de toute façon, ils n'ont eu qu'à se louer de
m'avoir défendue.

Mais donnons la parole aux textes : ils sont plus
éloquents que je ne saurais l'être. Je ne veux
qu'être sincère. Là, comme ailleurs, je dis toute
ma pensée. Je ne farde ni n'arrange. Je me retiens
seulement d'être trop vive. On peut me voir telle
que je suis.

Je m'exprime de même façon que si j'étais devant
le Roi. C'est lui, c'est son esprit, c'est son âme que
je voudrais atteindre et convaincre dans l'invisible.

En tête de ces pages, j'ai écrit son nom demeuré
cher à mon respect filial. Je n'ai pas su, pu, osé
discuter, de son vivant, avec ce père trompé et abusé
sur mon compte. J'en garde l'incessant regret.

Le 18 décembre 1909, le *Moniteur belge* publiait l'officielle communication suivante :

La Nation belge vient de perdre son Roi!

Fils d'un Souverain illustre dont la mémoire restera à tout jamais comme un symbole vénéré de la monarchie constitutionnelle, Léopold II, après quarante-quatre années de règne, succombe en pleine tâche, ayant, jusqu'à sa dernière heure, consacré le meilleur de sa vie et de ses forces à la grandeur et à la prospérité de la Patrie.

Devant les Chambres réunies, le 17 décembre 1865, le Roi prononçait ces paroles mémorables que, depuis lors, bien des fois l'on s'est plu à rappeler :

« Si je ne promets à la Belgique ni un grand règne, comme celui qui a fondé son indépendance, ni un grand Roi comme Celui que nous pleurons, je lui promets, du moins, un Roi belge de cœur et d'âme dont la vie entière lui appartient. »

Cette promesse sacrée, nous savons avec quelle puissante énergie elle fut tenue et dépassée.

La création de l'Etat africain, qui forme aujourd'hui la Colonie belge du Congo et qui fut l'œuvre personnelle du Roi, constitue un fait unique dans les annales de l'Histoire.

La postérité dira que ce furent un grand règne et un grand Roi.

La Patrie en deuil se doit d'honorer dignement Celui qui disparaît en laissant une telle œuvre.

Elle place tout son espoir dans le concours loyal et déjà si heureusement éprouvé du Prince appelé à présider désormais aux destinées de la Belgique.

Il saura s'inspirer des exemples illustres de Ceux qui furent, avec l'aide de la Providence, les Bienfaiteurs du Peuple belge.

LE CONSEIL DES MINISTRES :

Le Ministre de l'Intérieur et de l'Agriculture : F. SCHOLLAERT.
Le Ministre de la Justice : Léon DE LANTSHEERE.
Le Ministre des Affaires Étrangères : J. DAVIGNON.
Le Ministre des Finances : J. LIEBAERT.
Le Ministre des Sciences et des Arts : Baron DESCAMPS.
Le Ministre de l'Industrie et du Travail : Arm. HUBERT.
Le Ministre des Travaux Publics : A. DELBEKE.
Le Ministre des Chemins de Fer, Postes et Télégraphes : G. HELLEPUTTE.
Le Ministre de la Guerre : J. HELLEBAUT.
Le Ministre des Colonies : J. RENKIN.

Des signataires de cette émouvante proclamation, certains ont disparu, certains sont toujours de ce monde.

A ceux qui ne sont plus et à ceux qui sont encore, je dis :

« Vous avez écrit et signé que la création de l'Etat africain fut l'œuvre *personnelle* du Roi.

18

Donc, dans sa *personne*, vous avez compris l'homme, le chef de famille — et, par voie de conséquence, sa famille elle-même; ou bien le mot *personnel* n'a plus de sens... Et, en effet, soudain, il n'a plus eu de sens. Le Roi, devenu une entité sans attaches terrestres, a enrichi la Belgique, à l'exclusion de ses enfants déclarés inexistants.

« Vous avez écrit et signé que la Patrie en deuil se devait d'honorer dignement Celui qui disparaissait...

« Et comment, avec ou sans vous, l'a-t-on honoré?

« En continuant la fondation Niederfullbach et autres créations du génial bienfaiteur?

« Oh! nullement :

« On a liquidé, réalisé, détruit, abandonné ce qu'il avait conçu et ordonné. Je ne veux pas entrer dans le détail de ce qui s'est passé. Je ne veux pas descendre à la tristesse des dessous de Niederfullbach et autres œuvres du Roi, du jour où elles ont cessé d'être en ses mains. Je resterai sur le terrain de la faute morale qui me touche le plus.

« Onze ans après la mort du « grand Roi », où est le monument érigé à sa mémoire? Où en est le projet?

« Les Ostendais, qui lui doivent la fortune et la beauté de leur ville, n'ont pas même osé donner l'exemple de la reconnaissance. Ils ont craint d'indisposer les ingrats de Bruxelles, qui préfèrent le silence.

« Dois-je penser que Léopold II était trop grand et que son ombre gêne ? »

Sa volonté à l'égard du Congo et à l'égard de ses héritières s'est affirmée dans trois documents qu'on trouvera ci-dessous :

Premièrement, celui-ci :

LETTRE EXPLICATIVE DU ROI, EN DATE DU 3 JUIN 1906, AYANT FORME TESTAMENTAIRE

(Annexe à la pièce n° 46 du Recueil des Documents produits par l'Etat belge)

« J'ai entrepris, il y a plus de vingt ans, l'œuvre du Congo dans l'intérêt de la civilisation et pour le bien de la Belgique. C'est la réalisation de ce double but que j'ai entendu assurer en léguant en 1889 le Congo à mon pays.

« Pénétré des idées qui ont présidé à la fondation de l'Etat Indépendant et inspiré l'Acte de Berlin, je tiens à préciser, dans l'intérêt du but national que je poursuis, les volontés exprimées dans mon testament.

« Les titres de la Belgique à la possession du Congo relèvent de ma double initiative, des droits que j'ai su acquérir en Afrique et de l'usage que j'ai fait de ces droits en faveur de mon pays.

« Cette situation m'impose l'obligation de veiller d'une manière efficace, conformément à ma pensée initiale et constante, à ce que mon legs demeure pour l'avenir utile à la civilisation et à la Belgique.

« En conséquence, je définis les points suivants en parfaite harmonie avec mon immuable volonté d'assurer à ma patrie bien-aimée les fruits de « l'œuvre que, depuis de longues années, je poursuis dans le continent africain avec le concours généreux de beaucoup de Belges ».

« En prenant possession de la souveraineté du Congo avec tous les biens, droits et avantages attachés à cette souveraineté, mon légataire assumera, comme il est juste et nécessaire, l'obligation de respecter tous les engagements de l'Etat légué *vis-à-vis des tiers, et de respecter de même tous les acte par lesquels j'ai pourvu à l'attribution de terres aux indigènes, à la dotation d'œuvres philanthropiques ou religieuses; à la fondation du do-*

maine national, ainsi qu'à l'obligation de ne dimi-nuer par aucune mesure l'intégrité des revenus de ces diverses institutions, sans leur assurer en même temps une compensation équivalente. Je considère l'observation de ces prescriptions comme essentielle pour assurer à la souveraineté au Congo les ressources et la force indispensables à l'accomplissement de sa tâche.

« *En me dépouillant* volontairement du Congo et de ses biens en faveur de la Belgique, je dois, à moins de ne pas faire œuvre nationale, m'efforcer d'assurer à la Belgique la perpétuité des avantages que je lui lègue.

« Je tiens donc à bien déterminer que le legs du Congo fait à la Belgique devra toujours être maintenu par elle dans son intégrité. En conséquence, le territoire légué sera inaliénable dans les mêmes conditions que le territoire belge.

« Je n'hésite pas à spécifier expressément cette inaliénabilité, car je sais combien la valeur du Congo est considérable et j'ai, partant, la conviction que cette possession ne pourra jamais coûter de sacrifices durables aux citoyens belges.

« Fait à Bruxelles, le 3 juin 1906.

« LÉOPOLD. »

Nul de sincère ne niera, ayant lu cela, que le Roi parle du Congo comme d'une propriété privée dont il se « dépouille », et qu'il donne à la Belgique, ce qui est parfaitement son droit, de même que le droit de la Belgique est de recevoir ce présent royal.

Mais il n'y a pas de droit sans devoir.

Je ne demande pas s'il était ensuite du devoir de l'Etat belge de m'accabler, exilée, prisonnière, calomniée, méconnue; de me dénier la nationalité belge; de mettre sous séquestre un peu d'argent demeuré pour moi en Belgique.

Ceci, je l'ai dit, fut, je crois, l'effet fatal d'une mesure générale, mal interprétée, peut-être, par un fonctionnaire maladroit.

Je ne m'y arrête pas, et demande seulement si l'Etat belge attesterait, aujourd'hui, qu'il a rempli les conditions à lui imposées par son bienfaiteur, et notamment « l'obligation de respecter... l'intégrité du revenu des diverses institutions » instituées par le Roi en faveur du Congo.

Attendons une réponse, et arrivons aux testaments proprement dits.

TESTAMENT DU ROI

(*Document n° 42*)

« Ceci est mon testament.

« J'ai hérité de mes parents quinze millions; ces quinze millions, à travers bien des vicissitudes, je les ai toujours religieusement conservés.

« Je ne possède rien autre.

« Après ma mort, ces quinze millions deviennent la propriété légale de mes héritiers, et leur seront remis par mon exécuteur testamentaire, afin que mes héritiers se les partagent.

« Je veux mourir dans la religion catholique qui est la mienne; je ne veux pas qu'on fasse mon autopsie; je veux être enterré de grand matin sans aucune pompe.

« A part mon neveu Albert et ma maison, je défends qu'on suive ma dépouille.

« Que Dieu protège la Belgique et daigne dans sa bonté m'être miséricordieux.

« Bruxelles, le 20 novembre 1907.

« *Signé* : LÉOPOLD. »

On a beaucoup écrit sur ce testament. L'affirmation : « Je ne possède rien autre » que les quinze millions déclarés, a fait couler des flots d'encre.

Elle s'est trouvée d'elle-même sans fondement au décès du Roi, puisque, dans l'abondance de biens de toute sorte qu'on a trouvés, l'Etat belge n'a pu s'empêcher de qualifier d'incertains ou « litigieux » des titres et sommes qu'il n'a pas cru devoir s'attribuer, et qu'il a laissés à mes sœurs et à moi. Ces titres et sommes ont presque doublé la fortune indiquée pour nous par notre père.

Qu'on ne dise pas : « C'était considérable. » C'est vrai en soi. Mais il ne faut pas oublier que tout est relatif, et que, si j'explique ici une affaire de succession unique dans l'Histoire, ce n'est nullement par avidité d'héritage. C'est, j'y insiste, simplement pour défendre un principe de Droit, et éclairer dans la mesure de mes faibles moyens un débat d'intérêt général, embrouillé et obscurci à plaisir.

Le second testament, reproduit ci-dessous, ne fait que préciser l'intention du premier :

AUTRE TESTAMENT DU ROI

(Document n° 49)

« 18 octobre 1908.

« J'ai hérité de ma mère et de mon père quinze millions.

« Je les laisse à mes enfants pour qu'ils se les partagent.

« Par mes fonctions, par la confiance de diverses personnes, de fortes sommes ont à certaines époques passé par mes mains, mais sans m'appartenir.

« Je ne possède que les quinze millions mentionnés ci-dessus.

« Laeken, 18 octobre 1908.

« *Signé* : LÉOPOLD. »

Dans cette pièce, le Roi ne dit plus des quinze millions qu'il les conserva toujours « religieusement ». On a beaucoup écrit aussi là-dessus, car, d'autre part, et bien souvent, le Roi a déclaré de la façon la plus formelle qu'il engagea, non seulement toute sa fortune, mais encore celle de sa sœur, ma tante l'Impératrice Charlotte, dans l'entreprise congolaise.

Il pouvait tout perdre; la Belgique aurait-elle
indemnisé ses enfants à sa mort? Certainement non.
Heureusement, la Belgique a tout gagné.

Est-il logique que les enfants du Roi lui soient
indifférents?

Pour en finir avec les quinze millions, un seul
fait, que je ne peux absolument passer sous silence,
suffirait à infirmer la déclaration si caractéristique
du Roi, si n'étaient déjà les trouvailles faites à sa
mort.

Sur ce fait bien connu, chacun devine d'avance
ce que je pourrais dire...

Il ne saurait me convenir de m'étendre là-dessus. La vieillesse est excusable dans ses égarements, et une soixantaine de millions qui s'évadent,
ici-bas, trouvent bien des complicités.

Mais, vraiment, qui trompe-t-on, et de qui
s'est-on joué? Les airs de vertu sont étrangement
de circonstance, chez certains qui prêtèrent la
main à un étonnant favoritisme, au détriment des
héritières naturelles du Roi.

Oublions cela, cependant. Ne retenons que le
fait matériel, qui établit que le Roi a *voulu* déshériter ses filles.

Etait-ce, en droit et en morale, à la Belgique
à s'associer à cette erreur et à cette illégalité?

N'avait-elle pas une autre conduite à tenir à mon égard et à celui de mes sœurs?

Je le demande au Roi, comme s'il était là, dans l'entière possession de ses facultés, au Roi, éclairé par la Mort.

Je le demande aux braves gens, mes compatriotes.

Je le demande aux Juristes du monde entier.

Je le demande à l'Histoire.

Laissons de côté les milliards de l'avenir et les centaines de millions du passé.

J'ai renoncé aux espérances et aux légendes, d'autant plus aisément que personne moins que moi ne tient à l'argent. J'aurais voulu faire des heureux, favoriser de belles œuvres, créer d'utiles fondations. Dieu connaît tous mes rêves. Il a décidé qu'ils ne seraient pas exaucés. Je me suis résignée.

Je n'ai plus souhaité que défendre un principe, et obtenir, pour moi, un minimum de possibilités d'existence libre et honorable, conforme à mon rang.

Mon action en justice était-elle donc injustifiée?

Qu'établissent les documents qu'il est aisé de consulter, et que je ne saurais reproduire ici sans donner à ces pages un caractère différent de celui que j'ai voulu leur donner, pour passer sans s'appesantir?

Les documents prouvent que la fortune *personnelle* du Roi atteignait un minimum de deux cents millions, à l'époque de sa dernière maladie.

Au décès du Souverain, cette fortune s'est, en majeure partie, volatilisée. Mes sœurs et moi, nous avons eu douze millions chacune, en chiffre rond.

Mais le reste?

On nous a dit, et on m'a dit à moi spécialement :

— Quoi? Vous vous plaignez? Vous ne deviez avoir que cinq millions, aux termes du testament paternel. Vous en avez douze, et vous n'êtes pas satisfaite? Vous plaidez! Vous accusez! Vous récriminez! Vous serez donc toujours en guerre contre quelqu'un? »

Je n'ai été en guerre contre personne, nommément, dans cette affaire. J'ai simplement soutenu le droit, en m'imaginant que c'était mon devoir.

L'Etat, juge et partie, m'a répondu, par de beaux arrêts, que j'avais tort.

Accepterait-il de soumettre ses jugements à un tribunal arbitral, formé de juristes de pays amis de la Belgique?

Je renonce d'avance aux bénéfices de leur décision, si elle est en ma faveur.

Accepterait-il une enquête, par leurs soins, sur la fortune *réelle et personnelle* du Roi à sa mort, et sur ce qu'elle est devenue?

Je suis fixée d'avance. Ces questions indiscrètes ne trouveront qu'un silence profond.

Ce qui me console dans mon infortune, c'est de savoir que les hommes de confiance du Roi se sont enrichis à son service. Si mon père n'a voulu laisser que quinze millions, j'ai la certitude qu'ils pourront en laisser beaucoup plus.

J'en suis heureuse pour eux, parce que je trouve naturel que le mérite, la valeur, la conscience, la fidélité trouvent, ici-bas, des récompenses matérielles.

Je ne déplore qu'une chose, qui tient à la nature humaine : l'argent, hélas! ne la rend pas meilleure. Il durcit les cœurs.

Comment de fidèles serviteurs du Roi et de ma famille peuvent-ils être à leur aise dans des palais, ou des demeures tout aussi confortables, lorsque j'en suis réduite à vivre comme je suis obligée de vivre, incertaine, chaque jour, du lendemain, quoique prise entre deux fortunes : celle que j'aurais dû avoir, celle que je peux avoir encore?

On me dit qu'au lieu de me plaindre, je pourrais continuer de me défendre, et qu'il ne sert à rien de gémir sur l'injustice des hommes.

Je n'ignore pas qu'il suffirait que, demain, j'attaque devant la justice française la Société des Sites, et les biens français que, par personnes interposées, le Roi a fait passer à la Belgique, pour qu'une justice, qui est une justice, condamne une société fictive, n'en déplaise au notaire parisien et aux serviteurs de ma famille, qui prêtèrent leur nom en la circonstance. La loi est la loi pour tout le monde, en France, et, lorsque la Société des Sites fut fondée à Paris, elle le fut au mépris le plus criant de la légalité française.

Je n'ignore pas non plus que la loi allemande condamnerait ce qui s'est fait, entre l'Etat belge et les administrateurs de Niederfullbach, si j'attaquais ceux-ci devant la justice germanique, ainsi que je pourrais le faire. Les deux Allemands qui comptaient au nombre de ces administrateurs ont tellement senti le danger qu'ils couraient, ayant leurs biens et leur situation en Allemagne, qu'en prévision de revendications périlleuses pour eux, ils se sont fait couvrir par l'Etat belge, dans « l'arrangement » qu'ils acceptèrent, et qui dépouilla mes sœurs et moi de sommes considérables.

Je n'ignore pas, enfin, que la donation royale

de 1901 est attaquable, même en Belgique, en se basant sur la matérialité de l'erreur commise sur la question de la quotité disponible.

Mais, en vérité, il m'est pénible de réfléchir à cela, et d'entrer dans des détails de ce genre. Je les donne seulement pour que l'on sache que j'ai résisté et que je résiste encore à mes Conseils, assurant que, si je n'ai pas trouvé de justice en Belgique, j'en trouverai ailleurs.

A dire vrai, j'ai cruellement souffert, et je souffre cruellement des débats auxquels j'ai été entraînée.

Lorsque je relis, parfois, les plaidoiries des avocats de grand talent, qui me défendirent ou qui m'attaquèrent, lors du procès de la Succession du Roi, une sorte de vertige me prend. Devant tant de mots, de raisons pour et contre, je sens bien qu'ici-bas, on peut tout attendre des hommes, sauf l'équité.

Bien plus, c'est une stupeur pour moi, de penser que trois de mes avocats sont ministres ou viennent de l'être, quand j'écris ces pages. Je n'ai qu'à reprendre leurs plaidoiries pour entendre le cri de leur conscience proclamer mon droit, accuser l'Etat, qu'ils incarnent aujourd'hui, de collusion, de fraude, en un mot, d'inqualifiables procédés.

Ils ne se souviennent donc pas de ce qu'ils dirent, écrivirent, publièrent? Je prête en vain l'oreille de leur côté... Rien, plus un mot. Je suis morte pour eux.

Je suis malheureuse. Ils le savent, et ils se taisent.

Pas un n'a une pensée, un souvenir pour moi, qui leur ai fait confiance. Ils sont au Pouvoir, et je suis dans la misère; ils sont dans leur patrie, et je suis exilée; ils sont des hommes, et je suis une femme. O pauvreté de l'âme humaine!

Je songe encore à tout ce qui a été dit et écrit contre moi, dans le pays qui m'a vue naître, et pour lequel j'ai été sacrifiée. Que d'erreurs! Que d'exagérations, de passions, de partis pris, d'ignorances! Et pourtant, pris individuellement, ceux qui médisent, ceux qui attaquent sont de braves gens, de bonnes gens. Et ils déchirent des cœurs! Ne savent-ils donc ce qu'ils font?

La Belgique n'a-t-elle donc point de conscience? Si grande aujourd'hui devant le monde entier, se peut-il qu'elle s'expose à la diminution morale, dont la menace l'Histoire, examinant de près le Procès de la Succession du Roi, et ses suites pour moi? Peut-elle posséder en paix ce qui fut injustement acquis par elle? A tout le moins, trop âprement saisi.

L'Histoire trouvera, comme je les retrouve, entre autres paroles ineffaçables, le discours que prononça, au Sénat, M. de Lantsheere, Ministre d'Etat, à propos de la donation royale de 1901, dont, d'abord, instinctivement, tout ce qu'il y avait de meilleur dans l'âme belge sentait l'inacceptable.

Ces paroles, je les reproduis ici en finissant, et je les livre aux méditations des honnêtes gens.

Voici comment parla M. de Lantsheere, au Sénat belge, le 3 décembre 1901, pour combattre l'acceptation par la Chambre des Représentants, de la donation du Congo, et de tout ce qui, au privé, avait pu enrichir le Roi :

« J'entends demeurer fidèle à un principe dont le Roi Léopold Ier ne s'est jamais départi, et que j'ai défendu, il y a vingt-six ans, avec M. Malou, avec M. Beernaert et avec M. Delcour, membres du Cabinet, dont j'avais l'honneur de faire partie, avec MM. Hubert Dolez, d'Anethan et Nothomb, principe que d'autres avant moi, comme d'autres après moi, ont défendu également. Ce principe, qu'il était réservé au projet de loi actuel de déserter pour la première fois, peut se formuler en deux mots : « *Le Droit commun est l'indispensable appui du patrimoine royal* »... Le projet froisse la justice... Deux des princesses royales se sont mariées. De ces mariages sont nés des enfants. Voilà des familles constituées. Ces enfants se sont mariés à leur tour et ont constitué de nouvelles familles. Ces familles ont pu très légitimement compter que rien ne viendrait restreindre, à leur détriment, la part héréditaire légitime, que le Code déclare indisponible, au profit des descendants... Si, par une aberration dont vous donneriez le premier exemple... vous ne respectez pas les pactes sur lesquels se sont fondées les familles, *il n'y aura qu'une voix en Belgique pour maudire ces domaines qui auront enrichi la nation des dépouilles des enfants du Roi...* Ne pensez-vous pas qu'il soit mauvais que la Royauté puisse être exposée au soupçon de vouloir, sous le couvert décevant d'une grande libéralité au pays, se ménager les moyens, sinon d'exhéréder ses descendants, du moins de les dépouiller au delà de ce que permettent non seulement les lois, mais aussi la raison et l'équité? Je me permets de croire que ceux-là servent mieux les intérêts vrais de la royauté qui demandent qu'elle demeure soumise aux lois et respectueuse du droit commun, que ceux qui lui font le présent funeste d'une autorité sans limites. J'ignore évidemment si jamais ces arrière-pensées pénétreront dans l'esprit de Sa Majesté; vous ignorez si elles n'y entreront point; mais je sais que les volontés de l'homme sont changeantes et que les lois sont faites pour demeurer au-dessus de leurs atteintes... *S'il doit se faire que, au moment du décès du Roi, le disponible était entamé, vous n'auriez pas le courage de porter la main sur ce patrimoine; pourquoi vous forger des armes dont, le moment venu, vous rougiriez de vous servir?* Ainsi se révèle, une fois de plus, Messieurs, l'inutilité du projet, en même temps que son caractère profondément odieux autant que dangereux... c'est une monstruosité juridique... Il ne se trouvera pas... dans tout le royaume de Belgique, si pauvre fille qui n'ait dans la succession de son père des droits plus étendus que n'en auront les filles du Roi dans la succession de leur père... »

XIX

LA GUERRE ET LES ÉPREUVES QUE J'AI TRAVERSÉES

La guerre m'a surprise à Vienne. Jusqu'aux premières hostilités, je n'ai pu me résoudre à y croire. L'idée que l'Empereur François-Joseph, un pied dans la tombe, pût se lancer sur les champs de bataille, après y avoir été toujours battu, me paraissait folle. Il est vrai qu'une camarilla aux ordres de Berlin jouait de lui, très affaibli. Mais que Berlin voulût réellement une guerre qui ne pouvait manquer d'entraîner une conflagration générale, pleine d'inconnues terribles, me semblait encore plus insensé.

Le vertige meurtrier l'emporta cependant. J'ai eu conscience d'une mystérieuse fatalité qui affolait Berlin et Vienne.

Je me demandais ce que j'allais faire. Je n'eus pas l'embarras des solutions.

Si, pour certains de mes compatriotes de Bruxelles, j'ai le malheur de n'avoir pas recouvré ma nationalité belge, en dépit du bon sens et de la volonté du Roi mon père, — nouveau déni de justice et d'humanité contre lequel je ne saurais trop protester! — j'ai été, dès le premier jour de guerre, « sujette ennemie » pour la cour de Vienne, trop heureuse de trouver une occasion de se distinguer encore à mon égard.

On m'invita à sortir au plus vite du territoire de la double monarchie. Le Président de Police vint, en personne, me signifier cet arrêt. Ce haut fonctionnaire sut, d'ailleurs, être courtois, mais l'ordre était précis, formel.

Je partis vers la Belgique. Les événements m'arrêtèrent à Munich. L'armée allemande barrait la route, et ma patrie allait connaître les horreurs dont la Prusse porte la responsabilité initiale.

Jusqu'au 25 août 1916, j'ai pu vivre dans la capitale de la Bavière, considérée comme Princesse belge, sans avoir trop à souffrir des rigueurs auxquelles les circonstances m'exposaient. D'elle-même, l'autorité bavaroise se montrait indulgente. On tolérait que je garde une femme de chambre française, depuis longtemps à mon service. Le Comte, fidèle chevalier dont le voisinage met dans ma vie d'épreuves la consolation et la force du seul appui qui ne m'a jamais manqué, pouvait rester dans mon entourage.

Mais les victoires allemandes persuadaient mes infatigables ennemis que j'allais être à leur merci. Ils agissaient en conséquence.

Je suis fière de l'écrire : le malheur de la Belgique faisait mon propre malheur. Elle était opprimée; je l'étais aussi; elle perdait tout; je perdais la totalité de ce que je pouvais en attendre.

De jour en jour, mes ressources se restreignaient et, autour de moi, l'atmosphère, d'abord pitoyable, se faisait hostile. Je prenais inutilement soin de ne pas attirer l'attention et de me soumettre aux exigences de ma délicate situation. Les tracasseries, les aigreurs commençaient quand même.

Mon gendre, le Duc Gunther de Schlesvig-Holstein, n'ignorait rien, — et pour cause ! — des difficultés que j'avais à surmonter. Il ne tarda pas à laisser voir qu'il escomptait que j'accepterais d'être mise en tutelle, et réduite à recevoir de lui mon dernier morceau de pain.

Je ne veux pas m'étendre sur les actes d'un homme qui n'est plus. Si je publiais les textes et papiers judiciaires que j'ai conservés, j'ajouterais aux tristesses de ma malheureuse fille. Je dois, pourtant, à la vérité, de dire sommairement ce qui s'est passé. Rien ne montre mieux la continuité de la trame dans laquelle mon existence s'est vue prise, à partir du jour où, pour les miens, j'ai été une fortune qui leur échappait.

Le duc Gunther de Schlesvig-Holstein, aussitôt que l'Allemagne s'est crue maîtresse de la Belgique, s'est occupé de ce qui pouvait rester de ma part de la succession du Roi. Il y avait, notamment, en banque, un peu plus de quatre millions et demi destinés, comme on le sait, au règlement de mes créanciers par le tribunal arbitral constitué à la veille de la guerre à cette intention.

Cette somme a été l'objet de la sollicitude de mon gendre. Je laisse à d'autres le soin de dire ses espérances sur elle, et ses efforts pour qu'une destinée différente de celle que j'avais consentie lui fût assurée.

Au demeurant, ces quatre millions et demi n'étaient qu'une bien faible recette, en comparaison de ce que le passé avait promis. Ma chère Patrie peut se réjouir, — et je m'en réjouis avec elle, — d'avoir échappé, par la victoire de l'Entente, à une révision du Procès de la Succession royale. Elle eût été, sans doute, en dehors des règles du Droit et de l'humaine équité, au moins autant que l'arrêt rendu.

Que n'eût-on pas fait en mon nom, à la faveur du triomphe définitif des armes de l'Allemagne, après que, réduite par la faim, à Munich, à signer les renoncements que l'on m'arracha, j'avais, un moment, perdu ma personnalité et abandonné mes droits et pouvoirs à mes enfants.

Ils se voyaient ainsi en mesure de revendiquer ce qui fut détourné de l'héritage du Roi ou injustement refusé. Ils avaient, en outre, la certitude de recevoir les trente millions environ que représenterait, aujourd'hui, ma part de l'héritage de S. M. l'Impératrice Charlotte, si mon infortunée tante cédait au poids des ans.

Mes enfants, dès l'heure où l'affreuse pénurie que j'ai connue pendant la guerre n'a plus été ignorée d'eux, n'ont poursuivi qu'un but *sans me voir*, *sans m'approcher*, et seulement à l'aide d'intermédiaires à gages : me faire signer des renoncements.

Pour en finir avec les manœuvres des hommes de proie délégués à l'assaut de ma liberté et de mes droits, aussitôt que j'eus le malheur de solliciter l'aide de mes enfants, je dois mentionner que, me ressaisissant un peu plus tard, j'en ai appelé devant la justice, à Munich. Elle a infirmé les renonciations arrachées à ma misère et à mon égarement des jours sans foyer et sans pain.

Pendant la guerre, je suis arrivée, en effet, à ne plus savoir où je dormirais le soir, et si je dînerais le lendemain.

Je l'écris sans rougir, forte du jugement de ma conscience.

Je n'ai fait de mal à personne; j'ai souffert en silence. Je parle aujourd'hui, apportant un témoignage dans un drame privé qui touche à l'Histoire contemporaine; je parle avec la netteté de la franchise, mais sans haine. La méchanceté diminue. La misère ne m'a pas diminuée. Fille de Roi j'étais, fille de Roi je suis restée. J'ai imploré : c'était pour mes femmes plus que pour moi-même. Je voyais pâlir et pleurer les créatures dévouées qui, dans mon malheur, étaient tout mon soutien.

Le Comte avait dû quitter Munich. Brusquement, au matin du 25 août 1916, des policiers envahirent sa chambre. On le mit en prison, puis il fut conduit jusqu'en Hongrie où on l'interna près de Budapesth. Il était Croate. On le tint pour sujet de l'Entente, donc ennemi, bien avant la défaite qui devait unir la Croatie à la Serbie. La justice humaine n'est qu'un mot !

Ce même 25 août, Olga, ma principale suivante, une Autrichienne d'un inappréciable et ancien attachement, fut aussi arrêtée. On dut la relâcher. Mais j'avais compris : l'ordre était venu, de haut, de faire le vide autour de moi. Je pressentis ce qui allait suivre.

Ma femme de chambre française, dont les soins m'étaient précieux, fut internée. Si ma fidèle Olga n'était revenue de la prison où l'on ne put trouver le moyen de la retenir, je me serais vue complètement isolée.

Bientôt, je ne sus comment faire pour subvenir aux besoins quotidiens. Mes derniers bijoux étaient vendus. J'avais beau être pauvre, de plus pauvres que moi, ou croyant l'être, m'imploraient !

Que décider ? Que tenter ? Par ma fille, n'arriverais-je pas à toucher le Duc de Holstein ? Il se dérobait impitoyablement. Cela se passait en juillet 1917.

La Providence mit alors sur mon pénible chemin un honorable professeur, d'origine suisse, que ma situation révolta.

Il s'offrit généreusement à me faciliter un voyage en Silésie, où ma fille se trouvait dans un des châteaux qui lui appartenaient. Ce château est non loin de Breslau. Je partis avec Olga, dans l'espoir de parvenir jusqu'au sang de mon sang, et d'obtenir un abri temporaire.

Arrivée à mon but, j'essayai vainement d'être reçue, écoutée, secourue...

Je dus échouer dans un petit village de la montagne silésienne où, bientôt, mes derniers marks disparurent. Le Comte avait pu trouver le moyen de m'envoyer quelques subsides. Subitement, la poste allemande les retint et lui retourna ses plis.

Le petit hôtel où je m'étais réfugiée appartenait à de braves gens, qui n'étaient pas en état de me garder, si je ne payais point. Je vis venir l'extrême misère. Mon hôtelier s'effarait de ma présence. Il m'avoua qu'il devait rendre compte de mes faits et gestes à la police, et que j'étais gardée à vue sans que je m'en aperçoive.

Il se trompait. J'avais remarqué, avec Olga, que nos moindres pas étaient observés. En pleine campagne, nous n'arrivions point à être hors de vue de quelque paysan ou promeneur qui affectait de ne pas prendre garde à nous, et qui, cependant, nous épiait plus ou moins gauchement.

Je sentais se resserrer autour de moi l'invisible trame d'une implacable contrainte qui voulait me pousser vers quelque nouvelle geôle, maison de santé ou prison, ou m'amener à déserter la vie.

En cette extrémité, le ciel eut, une fois de plus, pitié de ma souffrance.

Le jour qui était, je crois, le dernier que m'accordait ma petite hôtellerie, je m'étais laissée tomber sur un siège, devant la maison. Je me demandais ce que j'allais devenir. Un équipage parut, chose rare en ce pays peu fréquenté. Le cocher gesticulait, et j'apercevais dans la voiture un personnage d'un fort embonpoint, qui semblait en quête de quelqu'un ou de quelque chose dans le village.

C'était moi qu'il cherchait!

Je fus bientôt prévenue qu'un envoyé du Comte arrivait de Budapesth et demandait à me parler.

A ces mots, je me sentis soulevée hors de l'abîme. Mes épreuves, pourtant, n'étaient point terminées...

Le seront-elles jamais?

L'homme de confiance que je reçus avait pour mission de m'aider à sortir d'Allemagne. Il fallait que je traverse l'Autriche et que j'aille en Hongrie, où je pouvais compter, à présent, sur des sympathies agissantes.

Bien des choses et bien des gens n'étaient déjà

plus les mêmes dans la monarchie austro-hongroise.

Mais, grand Dieu! l'apparence que je pusse
faire le voyage! D'abord, je n'avais point de
papiers en règle. La révélation de mon nom et
de mon titre me ferait sur-le-champ retenir. Puis
l'hôte payé, grâce au messager, je ne disposais
que de moyens limités. L'Autriche, il est vrai,
n'était pas loin. Nous y pouvions aller par la
montagne et par la Bohême; mais l'envoyé du
Comte déclara qu'il était hors d'état, faute de
souffle et de jambes, de me suivre dans les sentiers
de chèvres où, forcément, nous aurions à passer.
Le plus sage était de gagner Dresde et, là, de
choisir un chemin plus commode.

Le soir venu, notre hôtelier ferma les yeux sur
mon départ. Il signalerait seulement le lendemain
que j'avais disparu.

Quand il dut le faire, j'étais en Saxe. Mais, de
ce côté, le passage était encore trop hasardeux, si
près de Lindenhof et dans un royaume où mon
malheur avait fait tant de bruit. Nous songeâmes
à un petit village, proche de la frontière, du côté
de Munich, où tout était moins rigoureux que dans
la région de Dresde, et nous y parvînmes sans
inconvénient.

Le difficile n'était pas de voyager à travers l'Allemagne, c'était, pour moi, de séjourner en un lieu retiré sans être découverte et signalée, puis de franchir la frontière sans passeport, et enfin de gagner Budapesth.

Cette odyssée ferait un livre. Elle aboutit, pour lors, à un village bavarois, où je repris haleine. Une bonne dame m'accueillit charitablement, avec ma fidèle Olga.

L'envoyé du Comte continuait de veiller sur moi, logé dans le voisinage.

De ma fenêtre, j'apercevais le clocher du village autrichien où je devais passer pour me diriger ensuite vers Salzbourg, Vienne et la Hongrie. J'étais au bord de la terre promise. Un petit bois m'en séparait, au bout duquel passait, en lisière, un mince cours d'eau familier aux contrebandiers, car il séparait la Bavière de l'Autriche, et, la nuit, servait de route à la contrebande.

Je ne pouvais m'y risquer. Il fallait que je le franchisse sur un pont constamment gardé par une sentinelle. Au delà de ce pont, je n'étais plus en Allemagne !

Rapprochée de Munich, j'avais pu reprendre deux chiens que j'affectionnais. On sait ma passion des bêtes. Je ne voulais pas me séparer de celles-ci. J'avais l'intuition qu'elles aideraient à ma fuite. Je pensais avec attendrissement à l'intelligent « Kiki » demeuré prisonnier à Bad-Elster! Ses successeurs me porteraient bonheur, comme lui. L'un était un grand berger, l'autre un petit griffon.

J'hésitai d'abord à m'aventurer jusqu'au pont-frontière, de crainte d'être reconnue. Puis, je songeai qu'il était improbable qu'un homme en faction, si je restais à quelque distance, fît sérieusement attention à moi. Au demeurant, ma meilleure chance était de ne pas me cacher des sentinelles, et de me promener de leur côté, avec mes chiens. Les soldats, toujours les mêmes à tour de rôle, s'habitueraient à me voir dans le paysage. Je serais pour eux quelqu'un d'inoffensif et du pays.

L'envoyé du Comte me pressait de partir. Je résistais. Il conseillait une fuite nocturne. Je n'étais pas de son avis. Je répondais :

— Je passerai à mon jour, à mon heure, quand j'aurai le pressentiment que l'instant propice est venu.

J'ai toujours eu, dans les circonstances difficiles, des intuitions qui sont comme un avis intérieur de la décision à prendre, de la conduite à tenir. Je leur ai obéi, et ce que j'espérais s'est accompli.

Un matin, je me suis éveillée sous l'empire de cette idée :

— Ce sera pour aujourd'hui à midi!

J'ai fait prévenir le messager. Il pouvait passer sans encombre avec Olga, grâce à des papiers en règle. Ils ont pris les devants. Je devais les retrouver au pied du clocher autrichien, là-bas, très loin et très près à la fois!

Si la sentinelle m'arrêtait, si l'on m'interrogeait, j'étais prisonnière...

Vers midi, à pas lents, mon grand chien gambadant autour de moi, le petit, dans mes bras, je me suis promenée le long du ruisseau. Le soleil automnal était encore ardent. La sentinelle s'était mise à l'ombre, un peu à l'écart du pont. Je m'y suis engagée, d'un air d'habituée qui flâne en rêvant. Le soldat ne s'est pas inquiété de mon passage. Je me suis éloignée tranquillement, mais mon cœur bondissait dans ma poitrine. J'étais en Autriche! Arrivée au village, j'ai rejoint ma suite. Un fiacre m'attendait. Il m'a menée à Salzbourg, dans une manière d'auberge où je pouvais être en sûreté.

J'ai attendu trois jours mon conseil viennois,

Mᵉ Stimmer, secrètement informé de mon retour en Autriche et de mon désir d'aller sous sa sauvegarde à Budapesth.

Mᵉ Stimmer a répondu à mon appel. Il a passé outre aux considérations de forme que l'illégalité de ma situation pouvait suggérer. L'humanité parlait plus haut que l'arrêt qui m'avait exclue de la double monarchie pour me jeter en Allemagne, où j'avais failli succomber à la misère et aux persécutions. Puisqu'en Hongrie, j'avais chance de connaître des jours meilleurs, Mᵉ Stimmer m'y accompagna.

J'étais à bout de forces, lorsque je cessai d'être errante, arrivée à Budapesth, dans un hôtel honorable. Je pus renaître. Les autorités ne voyaient pas d'inconvénient à ma présence. Sur ma prière, le Comte eut la permission de venir de la petite ville où il était interné, s'occuper de mes intérêts pendant quelques jours, à différentes reprises.

Malheureusement, la guerre se prolongeait désespérément. La vie devenait de plus en plus difficile. L'Autriche et la Hongrie ne se faisaient plus d'illusions. Eclairées par la défaite, elles maudissaient Berlin. Budapesth entrait en ébullition.

Soudainement, tout croula. Un vent de bolchevisme passait, furieux, sur la double monarchie.

J'ai vécu en Hongrie ces jours extraordinaires. J'ai vu de près les Commissaires et les soldats de la Révolution. J'ai connu les visites, les perquisitions, les interrogatoires. Mais tout de suite, mon infortune a désarmé les farouches champions du communisme hongrois. J'ai rapporté au début de ces pages ce mot de l'un d'eux, vérifiant ma misère : « Voilà une fille de Roi encore plus pauvre que moi. »

Vivrais-je des siècles, je revivrais toujours, par la pensée, les émotions que j'ai traversées dans la tourmente qui renversait les trônes et jetait au vent les couronnes. Les âges disparus n'ont rien vu d'aussi formidable.

Au bord du Danube, entre l'Orient et l'Occident, l'effondrement de la puissance prussienne et du prestige monarchique avait une ampleur plus sensible qu'en d'autres points.

Je me demandais si je vivais encore, vraiment, dans le monde que j'avais connu, et si je n'étais pas le jouet d'un interminable cauchemar.

Nos peines, nos embarras, nos personnes ne sont plus rien dans le tourbillon des forces et des passions humaines. Je me sentais emportée, comme tout ce qui m'environnait, dans l'inconnu des temps nouveaux.

XX

DANS L'ESPOIR DU REPOS

Et maintenant que j'ai dit ce que j'ai cru indispensable de dire, puissent ceux qui me liront m'excuser, si j'ai mal exprimé ma pensée.

Qu'ils m'excusent aussi d'être sortie du silence que j'ai toujours gardé le plus possible.

Le bruit qui s'est fait autour de moi, je ne l'ai pas voulu, je ne l'ai pas cherché. Il est né de circonstances plus fortes que ma volonté.

Nous pouvons peu de choses sur les événements. Notre vie semble dépendre plus des autres que de nous-mêmes, et d'une fatalité de condition plus que de notre choix, dans l'ordre de nos jours et de nos actes.

Il suffit d'un instant d'erreur pour que toute une

existence soit perdue. La mienne l'a été. Mais ce n'est pas moi qui, à l'origine, me suis trompée, car je n'étais pas d'âge à juger et voir clair.

Pouvais-je vieillir, sans obéir au devoir de défendre la vérité, outragée par mes ennemis? Pouvais-je vivre jusqu'à ma mort, incomprise et diffamée?

Ma vie est une série de fatalités dont je n'ai pas su ou pu éviter l'accablement.

J'ai dit et je répète que je ne me tiens pas pour innocente de torts, de fautes, d'erreurs. Mais il convient de tenir compte de leur cause dans un mariage désastreux.

Mes parents crurent bien faire, et principalement la Reine, en me donnant au Prince de Cobourg, quand je n'étais encore qu'une enfant.

Le Roi voyait dans ce mariage l'avantage d'étendre des possibilités d'influences et de rapprochements utiles à son trône et à la Belgique.

La Reine se réjouissait de m'envoyer en Autriche et en Hongrie, d'où elle venait, et où je la rappellerais, en même temps que je servirais le rayonnement de ma Patrie, selon les ambitions du Roi.

J'ai été sacrifiée au bien de la Belgique, et celle-ci, aujourd'hui, compte des Belges qui me reprochent le don de ma jeunesse et de mon bonheur, essentiellement consenti pour eux.

Ils me traitent d'Allemande, de Hongroise, d'étrangère, et pis encore. Ingratitude humaine!

Suis-je coupable d'avoir, en quoi que ce soit, cessé volontairement d'appartenir à ma Patrie, et oublié de l'aimer?

Tout en moi proteste contre cette accusation perfide.

De quoi m'incrimine-t-on ensuite? D'avoir abandonné mon mari et mes enfants?

Or, j'ai vécu vingt ans à la Cour la plus corrompue de l'Europe. Je m'y suis gardée des tentations et des chutes. J'ai donné le jour à un fils et une fille et ma tendresse maternelle les allaita et mit en eux son espérance. On sait ce qu'il advint de mon fils, et comme il m'échappa. On sait ce que ma fille fut trop longtemps pour moi, sous l'influence de son mari, et du milieu où elle vivait.

En quoi fus-je réellement coupable?

C'est vrai. A bout de courage, et suffoquant dans l'ambiance d'un foyer conjugal odieux, j'allais choir... J'ai été sauvée. Je me suis alors vouée à mon sauveur. On a voulu en faire un faussaire et, à coups d'argent et de forfait, l'anéantir.

Nous avons échappé tous deux aux criminels acharnés à nous martyriser.

Suis-je coupable d'avoir lutté, d'être restée fidèle à la fidélité, et de ne pas tomber?

Peu m'importent les jugements de l'erreur et de la haine. Je suis demeurée telle que j'avais promis d'être à ma sainte mère : attachée à un idéal; et, quoi qu'il semble, j'ai vécu sur les sommets.

Suis-je coupable, selon la vraie morale et la vraie liberté?

Que les femmes me jettent la pierre, qui n'ont pas plus à se reprocher!

Qu'y a-t-il encore?

Oui, je croyais, je pouvais croire, avec les légistes de tous les pays, que j'hériterais de mon père.

L'héritage s'est trouvé considérablement réduit, par des manœuvres dolosives et des jugements que l'opinion universelle condamne.

Suis-je coupable d'avoir été déçue et dépouillée?

Que dit-on enfin? Que ma famille fut désunie? Est-ce ma faute?

J'étais faite pour aimer les miens plus que moi-même. Ai-je manqué à mes devoirs d'affection et de respect vis-à-vis de mes parents? N'ai-je pas été, pour mes sœurs, l'aînée qui les chérissait?

Suis-je coupable de l'erreur du Roi et de la Reine, celle-ci convaincue, par mes persécuteurs, de la gravité de ma « maladie », celui-là irrité, non de mon indépendance, mais du scandale organisé autour d'elle?

Suis-je coupable de l'égoïsme de mes sœurs, l'une cédant à des vues étroites, l'autre à des calculs politiques?

J'en conviens, je me suis révoltée contre la félonie et la contrainte. Mais pour quels motifs? Pour quels buts? Pour quelles fins?

Mon vrai crime est d'avoir échoué dans mon effort de possession de moi-même, dans l'attente d'une fortune que je n'ai pas eue.

Le monde n'admire que les victorieux, quels que soient leurs moyens de vaincre.

Victime dès mes premiers pas de jeune fille, livrée hélas! à la perversité, j'étais condamnée aux défaites.

La bataille s'achève, et je n'ai pas demandé grâce au mensonge, à l'injure, au vol, à la persécution.

J'aurais été seule, j'aurais succombé sous le

fardeau des infamies et des violences. Je suis restée debout, parce que je ne luttais pas pour moi.

Dieu m'a visiblement soutenue, en animant mon cœur d'un sentiment profond d'estime et de gratitude pour un être chevaleresque dont je n'ai jamais entendu une plainte, quelle que fût l'atrocité des intrigues et des cruautés qui devaient le perdre.

Dans sa bassesse, le monde a jugé son dévouement et ma constance du point de vue le plus misérable. Qu'il sache qu'il est des créatures qui s'élèvent au-dessus des instincts auxquels il s'abandonne, et qui, dans une aspiration commune vers un idéal supérieur, échappent promptement aux défaillances terrestres.

Les dernières lignes de cette brève esquisse d'une vie que plusieurs volumes ne suffiraient pas à conter, seront une affirmation de ma reconnaissance envers le comte Geza Mattachich.

Je n'ai pas dit de lui davantage parce qu'il jugera que, si peu que ce soit, c'est encore trop. Ce silencieux n'apprécie que le silence.

Seul le silence est grand, tout le reste est faiblesse,

disait Alfred de Vigny. C'est la maxime des forts.

Mais vous savez, Comte, que je ne puis, comme vous, m'astreindre à me taire. Je veux évoquer l'heure première où vous avez dit à ma conscience les mots clairs qui l'ont assainie et ensoleillée. Depuis lors, cette lumière m'a guidée. J'ai péniblement cherché ma route vers la beauté morale. Mais vous me précédiez, et, du fond de ma maison de fous, je me tournais vers votre cachot, et j'échappais à la folie.

Nous avons ensuite subi l'assaut des convoitises et des hypocrisies.

Nous nous sommes débattus dans le bourbier; nous nous sommes égarés dans le maquis. Le monde n'a vu que les éclaboussures et les déchirures de notre combat. Il en a ignoré la cause et sa malveillance ne nous a point pardonné de sortir de la lutte en vaincus.

Tout cela, qui fut très amer, je ne le regrette point. Mes souffrances me sont chères, puisque vous les avez partagées, après avoir voulu ardemment me les éviter.

Il y a une certaine joie à supporter, par esprit de sacrifice, des douleurs imméritées.

Cet esprit, c'est le vôtre. Je ne l'avais point. Vous me l'avez donné. Aucun présent ne fut plus précieux à mon âme, et je vous en saurai gré jusque par delà le tombeau.

Moi, qui sais vraiment qui vous êtes, et quel

culte a été votre raison de vivre et de ne pas déses-
pérer, je vous remercie, Comte, au crépuscule de
mes jours, de la noblesse que vous y avez mise.

Connaîtrai-je, connaîtrez-vous le repos ailleurs
que là où nous l'obtenons tous?

La justice humaine aura-t-elle, pour vous et pour
moi, les réparations espérées?

Demeurerons-nous hors la loi et la vérité, acca-
blés par l'abus de pouvoir et la méchanceté
humaine?

Qu'il en soit ce que Dieu voudra!

FIN

TABLE DES MATIÊRES